U0658400

管理研究

2017 年第 1 辑

邓大松　向运华　主编

中国金融出版社

责任编辑：肖丽敏
责任校对：张志文
责任印制：陈晓川

图书在版编目（CIP）数据

管理研究.2017年.第1辑/邓大松，向运华主编.—北京：中国金融
出版社，2018.12
　ISBN 978 – 7 – 5049 – 9877 – 4

　Ⅰ.①管…　　Ⅱ.①邓…②向　　Ⅲ.①管理学—研究　　Ⅳ.①C93

中国版本图书馆 CIP 数据核字（2018）第 279441 号

出版
发行　　**中国金融出版社**

社址　　北京市丰台区益泽路 2 号
市场开发部　　（010）63266347，63805472，63439533（传真）
网 上 书 店　　http://www.chinafph.com
　　　　　　　（010）63286832，63365686（传真）
读者服务部　　（010）66070833，62568380
邮编　　100071
经销　　新华书店
印刷　　北京市松源印刷有限公司
尺寸　　169 毫米 × 239 毫米
印张　　5.5
字数　　80 千
版次　　2018 年 12 月第 1 版
印次　　2018 年 12 月第 1 次印刷
定价　　30.00 元
ISBN 978 – 7 – 5049 – 9877 – 4
如出现印装错误本社负责调换　联系电话　（010）63263947

目 录
○○○ contents

（2017 年第 1 辑）

30 年来中国能源扶贫政策文本量化分析

◎李世祥[1,2]　陈岗岗[1]　吴巧生[2]

1 中国地质大学（武汉）公共管理学院，湖北武汉，430074；

2 中国地质大学（武汉）中国矿产资源战略与政策研究中心，湖北武汉，430074

摘　要： 为了科学考察 30 年来中国能源扶贫政策的发展阶段和演变特征，本文收集 1986—2016 年 103 份国家能源扶贫相关政策文件进行相关统计分析，并从政策工具和政策参与主体两个维度对文本内容进行量化分析。研究发现，中国能源扶贫政策发展历程可划分为四个阶段，即政策起步阶段（1986—1993 年）、政策规模化阶段（1994—2005 年）、政策成熟阶段（2006—2013 年）和政策转型阶段（2014 年至今）。这四个阶段整体上呈现出从诞生到不断成熟的完整生命周期，目前已经显现出转型升级的发展趋势。从政策演变特征看，一是能源扶贫政策的政府主导型和强制性明显，但"靶向性"略显不足；二是能源扶贫政策参与主体呈现出多元化趋势，但政策横向协调有待加强。

关键词： 能源扶贫　政策文本　政策工具　内容分析法　中国

能源是现代社会经济发展的重要物质基础，能源贫困是贫困的重要特征之一，贫困和能源贫困的程度往往同时降低（李康等，2011）[1]。作为世界上最大的发展中国家，中国政府始终致力于在经济社会发展进程中采取有效政策措施①来解决贫困问题。然而，由于地区发展不平衡，目前中国仍有贫困人口近六千万②，且主要集中分布在中西部的14个连片特困地区，而这些地区也是太阳能、风能、水能等新能源的富集地，因此，中国的贫困问题在地域上体现出能源丰富和经济落后的双重特征。能源扶贫是国家利用政策工具在能源储量丰富的贫困地区进行能源开发利用，从而带动当地脱贫的一种扶贫方式。自1986年以来，能源扶贫一直贯穿于中国的扶贫事业之中，并取得了阶段性成功。③在"十三五"开局之年，国家能源局又提出实施贫困地区农网改造、农村动力电全覆盖、光伏扶贫三大能源扶贫工程。30年来中国到底出台了哪些能源扶贫政策？其发展历程、阶段特征又是怎么样的，又有哪些不足？特别是在精准扶贫战略的指引下，中国能源扶贫政策又有怎样的发展趋势？这些问题目前还没有很好的答案。因此，为了科学考察30年来中国能源扶贫政策发展阶段和演变特征，本文收集了1986—2016年国家能源扶贫相关政策文件进行量化分析。

在国外，能源扶贫政策也被广泛应用于改善贫困地区居民的生活状态（Bazilian et al.，2014）[2]。国际上普遍的能源扶贫政策主要分为以下几类：电价机制、家庭能源补贴、可再生能源投入研发、电力基础设施建设等（魏一鸣等，2014）[3]。国外学者对于能源扶贫政策的研究主要有两种类型：一种是发展中国家的能源扶贫政策，主要以印度和巴西为代表（Sovacool 和 Drupady，2016）[4]；另一种是发达国家能源扶贫政策，主要以英国和美国为代表（Arto et al.，2016）[5]。学者对于前者的研究主要着眼于提高现代能源的普及程度以及能源问题引起的性别不平等问题（Moe，2016）[6]。对于发达国家来说，大部分国家已经实现了能源基础设施和经济增长的良性循环，因此其能源扶贫政策主要关注如何降低能源消费占家庭收入比重（Okushima，2016）[7]。在政策研究方法上，国外学者比较关注政策工具的选择研究。Rothwell 和 Zegveld（1985）较早系统地研究了政策工具的特征，将政策工具划分为需求型、供给型和控制型三种类型[8]。在能源政策领域，政策工具也得到了广泛应用（Fouquet，2013；Murphy，2016）[9][10]。相应地，政策文本研究的显著特点也主要体现在政策工具的组合与转换应用。例如，Polyakov 和 Teeter（2005）利用内容分析法研究了国家森林监管的相关政策，将政策工具分为"区分型"和"禁止型"两大类[11]。Chapman et al. （2016）运用内容分析法，考察了 8 个 OECD 国家在能源政策制定过程中的政策目标，以及不同阶段中政策工具的应用特点[12]。

国内相关研究最初主要集中于农村能源建设，相关成果多以报刊报道为主。就政策实践而言，中国从 20 世纪 80 年代开始着手能源扶贫政策的制定和实施。1980 年，农业部成立能源办公室，标志着我国能源扶贫工作正式拉开帷幕。1986 年 12 月，国家经济委员会发布《关于加强农村能源建设的意见》，这可以说是中国能源扶贫领域的第一份政策文件。但是能源扶贫真正成为社会关注的热点始于 2014 年 10 月国家能源局、国务院扶贫办联合印发的《关于实施光伏扶贫工程工作方案》，方案决定利用 6 年时间在安徽、宁夏等 6 省的 30 个国家级贫困县开展光伏扶贫试点。2016 年 3 月，国家发展改革委、国务院扶贫办、国家能源局等五部委联合印发《关于实施光伏发电扶贫工作的意见》，决定在全国具备光伏建设条件的贫困地区实施光伏扶贫工程。在政策分析方法上，我国学者对于政策文本的研究多集中于近 10 年，且定量分析成为主流的方法。在能源政策领域，一些学者尝试通过定性分析和定量分析相结合的方法来研究政策的发展历程和优化方向。例如，曾婧婧和胡锦绣（2014）采用内容分析法，对中国自 2006—2013 年的 48 份宏观太阳能产业政策文本进行量化分析[13]。Liao（2016）基于政策工具视角，采用文本分析和定量分析法研究了中国 1995—2014 年风能政策的演化特征[14]。但是，国内相关研究在方法上还比较单一，缺乏较为系统的阶段分析，难以体现出政策文本的阶段特征。

整体而言，国内外相关研究对于本文能源扶贫政策的量化分析具有参考和借鉴意义。与现有文献不同的是，本文收集 1986—2016 年 103 份国家能源扶贫相关政策文件进行阶段分析，并从政策工具和政策参与要素两个维度对文本内容进行量化分析。

一、研究方法与政策文本选择

（一）研究设计

本文采用政策文本分析法，以分析、解释、预测政策文本中有关主题的本质性的事实及其关联的发展趋势。笔者首先根据能源扶贫的内涵以及其政策实践，收集 1986—2016 年国家能源扶贫相关政策文件，并进行相关统计分析；接着基于政策工具视角，对能源扶贫政策文本内容进行编码和定量分析；最后，提出研究结论和政策展望。研究设计如图 1 所示。

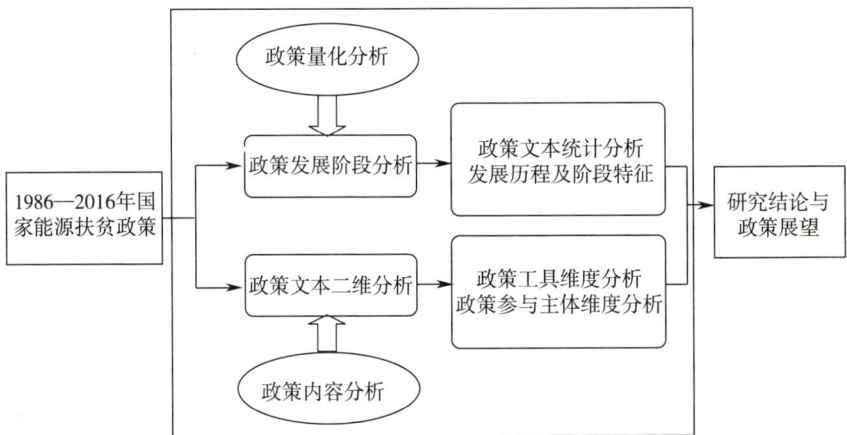

图 1　本文研究设计

（二）政策文本选择

本文选择 1986—2016 年作为研究的样本区间。选取 1986 年作为我国能源扶贫的政策元年，主要是因为我国政府从 1986 年开始启动了有计划、有组织、大规模的农村扶贫开发，这一阶段也是我国开发式扶贫战略的形成时期。国家成立了专门机构，使扶贫工作规范化、机构化、专业化。这一时期的能源扶贫政策与中西部贫困地区的能源优势结合得更加紧密，具有较高的研究价值。

本文所选取的能源扶贫政策文本均来自公开的数据资料，主要从国家能源局、发展改革委、国务院扶贫办等中央政府相关网站和国内新能源产业相关网站搜索。由于涉及能源、扶贫的政策文本数量众多，为保证政策选取的代表性，笔者按照以下原则对政策文本进行了整理和筛选：一是发文单位必须是全国人大及其常委会、国务院及其直属机构等中央部门；二是必须同时涉及能源和贫困地区发展的政策；三是政策类型主要选取法律法规、意见、规划、办法、通知、公告等体现政府政策的文本，不计入行业标准、调查报告等文件。本文按照以上原则，选取了 1986—2016 年的相关政策，最终梳理了有效政策文本 103 份。

二、国家能源扶贫政策发展阶段分析

（一）政策文本统计分析

根据近 30 年能源扶贫政策文本的主要特征，按照文本形式、颁布时间、颁布主体和涉及领域四个方面进行划分，对 103 个政策文本进行了相关统计分析。

1. 政策文本的类型统计

依据国家层面的 103 份政策文本统计，文本的形式主要包括"通知""办法""意见""规划"等 10 种形式。具体如表 1 所示，政策文本以"通知""意见"的形式出现最多，这一类政策主要是对贫困地区能源建设的直接指导和规划。"法律""规定"等制度层面的强制性规范政策文本比较少，特别是针对相关扶贫主体的法律法规缺乏，这说明我国能源扶贫工作缺乏常态化的法律基础。此外，引导性的政策如"指南""方案"等文本形式较少，说明在动员社会力量参与扶贫方面还有一定欠缺。总体而言，政策文本的形式分布体现出了以政府规划为主导的能源扶贫开发，能源扶贫政策有待进一步丰富发展。

表 1 　　　　　国家能源扶贫政策文本类型统计

通知	办法	意见	方案	规划	法律	规定	指南	纲要	决定	总计
38	8	20	3	18	4	2	4	4	2	103

2. 政策文本颁布时间统计

30 年来，我国能源扶贫政策数量和内涵不断丰富，从单一满足贫困地区能源需求逐步过渡到带动当地经济和社会的可持续发展。从图 2 统计可以看出，我国能源扶贫政策整体上呈现逐年增长的趋势，这也与现代社会中能源特别是新能源日益成为经济和社会发展的重要物质基础相一致。从年度分布来看，1986—1994 年，国家层面能源扶贫政策较少且分布零散。自 1994 年我国启动《国家八七扶贫攻坚计划》之后，能源扶贫政策才正式步入常态化。我国 2006 年《可再生能源法》颁布之后，能源扶贫政策数量有了很大提升，体现出新能源产业的发展在国家扶贫战略中的重要地位，这也与我国扶贫开发的力度密切相关。

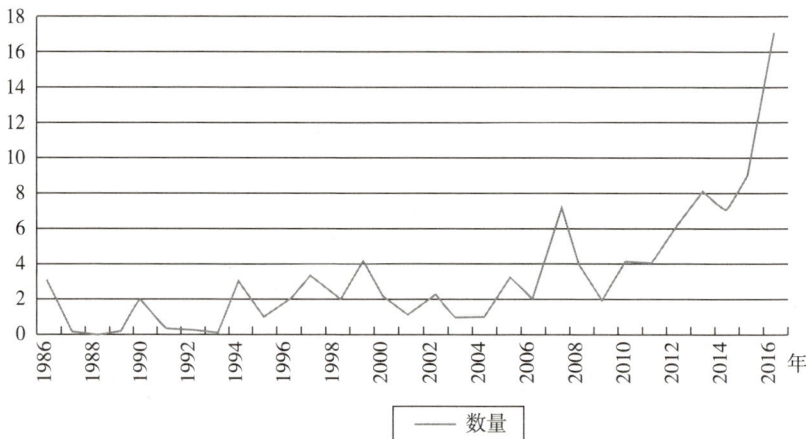

注：2016 年能源扶贫政策统计到 12 月 30 日。

图 2　国家能源扶贫政策年度分布统计

3. 政策文本颁布主体统计

由于我国能源扶贫是政府主导扶贫开发，因此政策发布的主体主要集中在国家级政府部门。从能源扶贫政策文本颁布的主体来看，主要有三类政策主体：第一类是国家层面的综合性政策主体，如国务院、全国人大等，它们从综合规划、立法等方面来规范能源扶贫政策的制定原则；第二类是国务院的各部委，这些部门主要利用部门自身职能优势对能源扶贫政策的某一领域或方面进行具体的政策指导，主要有国家发展改革委、国家能源局等；第三类是国家各部委联合出台相关政策，主要有国务院扶贫办联合国家能源局、财政部联合国家能源局等，多部门联合出台政策能够更好地发挥出政策的效果。总体来看，我国能源扶贫政策的出台、实施、监管等主体已经逐渐从单一走向多元，政策的灵活性和可操作性也在不断提升，但是就联合发文所占的比重来看，各部门之间的政策配合仍然偏少，政策配合略显不足。

表 2　　　　　　　　　　　　国家能源扶贫政策发布主体统计

发文机关	国务院	发展改革委	能源局	全国人大	财政部	其他	联合发文
发文数量	18	26	29	4	3	9	14
比例	17%	25%	28%	4%	3%	9%	14%

注：由于机构改革原因，原国家计委现已成为国家发展改革委，原国家经贸委部分职能也归入国家发展改革委。"其他"包括一些出现次数较少的部门，如住建部、林业部等。

4. 政策文本涉及领域统计

我国能源扶贫政策从时间来看大体上可分为两个阶段，其中以 2006 年实施的《可再生能源法》为划分标志，2006 年以前，我国能源扶贫政策主要围绕薪材、煤炭、传统生物质能等传统能源，2006 年之后主要以太阳能、生物质能（沼气）、电力等非化石能源政策为主。

如图 3 所示，在所有政策文本中，传统能源扶贫政策较少、新能源扶贫政策较多，尤其是太阳能、生物质能这两类新能源所占比重达到 45%。一方面，由于太阳能、生物质能等开发成本较低，技术比较成熟，因此这两类能源政策所占比重较多；另一方面，涉及电力基础设施建设的政策所占比重仅次于太阳能政策，达到 23%。电力是现代能源的基础，各种能源的开发最终大部分都是以电力形式呈现的，我国能源扶贫政策从始至终都将电力基础设施的完善作为缓解贫困地区能源贫困的基础，主要是农村电力基础设施建设、电网改造升级、电价补贴和优惠等。由于太阳能、风能、生物质能等新能源在我国贫困地区分布比较广泛，开发条件好，未来新能源开发在贫困地区脱贫中仍具有很大的潜力。

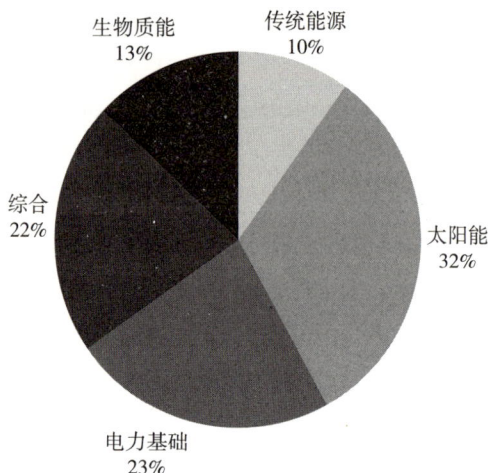

注：由于水能、风能等投资成本较高，在能源扶贫中的政策较少，与其他相关能源扶贫政策均归于综合部分。"传统能源"包括"薪材""秸秆"等固体能源，不包括农村沼气。

图 3　国家能源扶贫政策分布领域比例

（二）政策发展的四个阶段及特征

通过对 30 年来我国能源扶贫政策文本统计分析，可发现能源扶贫政策具有明显的阶段性特征。本文将政策的发展历程划分为 4 个阶段。综合来看，我国能源扶贫政策经历了从起步到不断成熟再到转型升级的生命周期过程，符合政策的发展规律，同时政策的参与主体也由单一向多元化发展，与我国整个扶贫开发事业的发展趋势相一致。政策目标的设定更加倾向于以促进贫困地区新能源的产业化发展来带动当地的经济和社会发展。

表 3　　　　　　　不同发展阶段标志性政策事件及主要特征

发展阶段	政策起步阶段 （1986—1993 年）	政策规模化阶段 （1994—2005 年）	政策成熟阶段 （2006—2013 年）	政策转型阶段 （2014 年至今）
标志性 政策事件	1986 年国务院贫困地区经济开发领导小组成立	1994 年国务院颁布《国家八七扶贫攻坚计划》	2006 年全国人大通过《中华人民共和国可再生能源法》	2014 年国家能源局、国务院扶贫办印发《关于实施光伏扶贫工程工作方案的通知》

发展阶段	政策起步阶段 （1986—1993 年）	政策规模化阶段 （1994—2005 年）	政策成熟阶段 （2006—2013 年）	政策转型阶段 （2014 年至今）
关键表述	农村能源综合建设县项目的实施和推广、以农村能源的"开发"和"节约"为方针	明确能源扶贫开发的目标、对象和措施，开始注意动员社会力量参与扶贫开发	可再生能源发展成为政策推动的重点、农村电网改造升级继续推进实施	贫困人口建档立卡、政策措施围绕贫困地区资源优势，对贫困问题精准定位
主要特征	农村能源建设开始被纳入国家规划；政策主要集中于解决农村能源短缺问题；注重对农村传统能源的开发利用	国家大规模开发贫困地区能源资源；以农村电网为代表的能源基础设施建设加快；政策开始涉及新能源领域	新能源产业全面发展，得到更多政府扶持；能源扶贫政策类型、参与主体更加多元化；全面解决农村无电人口用电问题	对大规模扶贫开发模式的转变升级；以"光伏扶贫"为代表的能源扶贫模式创新；更加倡导贫困人口在扶贫开发中的参与和自我发展

第一阶段是政策起步阶段（1986—1993 年），在这一时期国家开始着手解决农村的能源的短缺问题，其中以国务院扶贫开发领导小组的成立为主要标志，这一时期的政策数量较少，主要围绕农村地区自身的一些能源资源如小水电、薪炭林、小火电等，传统能源居多，政策特征主要是一些简单的规划和行政干预，政策手段比较单一。

第二阶段是政策规模化阶段（1994—2005 年），这一时期国家扶贫重心集中于大规模开发，其中以《国家八七扶贫攻坚计划》为主要标志，这一阶段的能源扶贫政策数量逐步增加，政策内容也不断丰富，农村电网改造工程开始逐步实施，政策类型进一步丰富，体现出多方面、多层次的政策特点。

第三阶段是政策成熟阶段（2006—2013 年），随着《可再生能源法》的颁布实施，这一时期新能源的发展越来越受到国家重视，国家出台了一系列关于扶持新能源产业的政策，贫困地区的新能源潜力被逐步开发，扶贫政策与能源产业政策联系日益紧密，能源扶贫政策的数量和类型趋于稳定，政策手段偏重于市场化导向。

第四阶段是政策转型阶段（2014年至今），随着国家"精准扶贫"战略的提出，我国能源扶贫主体也开始由单一向多元化转型，政策制定侧重于调动更多的扶贫主体的参与，政策工具的运用也开始不断创新，政策的目标导向性也更加明显。

三、国家能源扶贫政策文本二维分析

中国扶贫开发是一个由依靠政府到多方参与的过程，也是贫困群体由被动接受转变为主动参与的过程。扶贫政策的最终目标群体是贫困地区的居民，但是政策的作用效果却不仅仅涉及目标群体。对于能源扶贫政策的分析，不仅要关注政策工具的使用，而且要对扶贫的参与主体进行分析[①]。本文通过对政策工具（X轴）和能源扶贫政策参与主体（Y轴）的二维分析，最终形成了基于政策工具的能源扶贫政策分析框架，如图4所示。

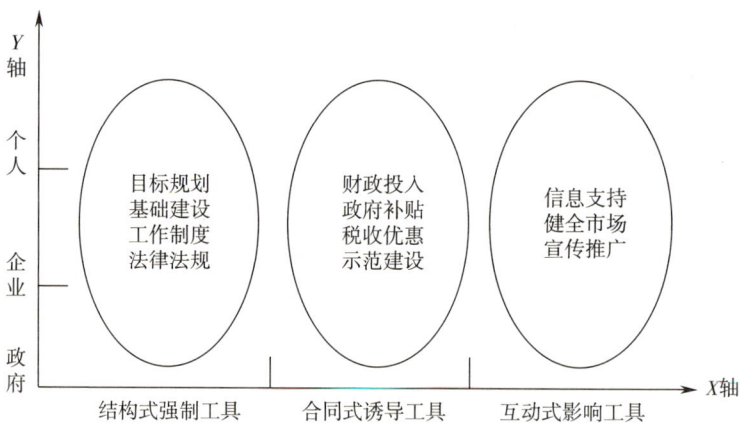

图4　国家能源扶贫政策二维分析框架

X维度：政策工具维度。政策工具的分类具有多种形式，学者们的研究角度也各有侧重。根据不同分类在扶贫政策研究中应用的广泛程度和我国能源扶贫政策的特点，参考国内普遍认同的政策分类方法，本文选择加拿大公共政策学者Howlett和Ramesh（1995）的分类方法，即将政策工具分为强制性工具、自愿性工具和混合性工具 3 类[15]。

Y 维度：政策参与主体维度。从我国能源扶贫政策的不同发展阶段来看，能源扶贫政策涉及多个群体，主要包括政府、企业和个人。本文将这三类群体简化为政策参与主体维度，即能源扶贫政策二维分析框架的 Y 维度。

（一）能源扶贫政策文本内容分析单元编码

本文主要依据 3 大类政策工具，并结合我国能源扶贫政策的具体特点，划分出 11 种政策工具，如表 4 所示。政策文本的内容分析单元包括"结构强制型""合同诱导型""互助影响型"三大类政策工具和"法律法规""目标规划""工作制度""基础建设"；"税收优惠""财政投入""政府补贴""示范建设"；"健全市场""宣传推广""信息支持" 11 个小类。分析单元则是选定的能源扶贫政策文本的有关条款。

表 4   国家能源扶贫政策内容分析单元

政策名称		发文时间	发文机关
政策参与主体	政策子类型		
政府	相关法律法规的制定、对新能源产业的规划、农村基础设施建设等政府主导的政策		
企业	对新能源企业的税收优惠和政策鼓励和引导、资金补贴等政策		
个人	对个人生活用能方式的调整、新能源开发中个人的利益分配等政策		
综合	政府与企业合作（PPP 模式）、政府与个人等多方参与等政策		
结构强制型	法律法规（1）	全国人大出台的法律、国务院出台的部门规章等	
	目标规划（2）	国民经济发展规划、农村电网规划、新能源发展规划等	
	工作制度（3）	针对具体政策出台的工作办法、实施方案等	
	基础建设（4）	农村电网升级改造、新能源产业建设、能源基础设施建设等	
合同诱导型	税收优惠（5）	新能源产业的税收减免、发电企业的税收优惠	
	政府投入（6）	政府部门直接对贫困地区能源产业的资金投入	
	财政补贴（7）	对有利于减轻贫困地区能源发展的企业和个人的补助	
	示范建设（8）	在部分有条件地区的能源扶贫示范建设	
互助影响型	健全市场（9）	新能源市场不断放开，探鼓励社会力量参与能源市场建设	
	宣传推广（10）	对试点较成熟的政策的推广应用	
	信息支持（11）	国家对贫困地区能源产业的科技信息扶持	

本文首先对已经筛选好的103份政策、212份具体政策文本内容按照"政策编号—具体条款"进行编码；然后根据已经建立的能源扶贫政策文本二维分析框架将其分别归类，最终形成了基于政策工具视角下的我国30年来能源扶贫政策文本内容的分析单元编码（见表5）。

表5　　　　30年来中国能源扶贫政策内容分析单元编码（部分）

政策名称	政策文本内容分析单元	编码
1.《关于加强农村能源建设的意见》	第一条：编制发展农村能源的长远规划，发展农村节能灶、小水电、小火电、小煤窑等	[1－2]
2.《节约能源管理条例》	第三十三条：积极发展薪炭林、推广节能省柴灶，有条件的地区积极开发利用沼气、太阳能等	[2－10]
3.《国民经济和社会发展第八个五年计划纲要》	第二章：以县为单元的农村能源综合建设纳入"八五"计划	[3－2]
……	……	……
103.关于印发《贫困地区水电矿产资源开发资产收益扶贫改革试点方案》的通知	第二条：把水电、矿产资源开发与脱贫攻坚紧密结合 第四条：中央投资用于建档立卡贫困人口基础建设 第五条：探索对贫困人口实行资产收益扶持制度	[103－2] [103－6] [103－3]

（二）政策工具维度分析

国家能源扶贫政策工具的使用情况如表6所示。首先结构性强制工具占到了绝大多数（54.7%），其中"目标规划"这一政策工具所占比重最大（28.8%），这说明我国能源扶贫政策主要由政府主导，是自上而下的推动式扶贫，这也是我国政策工具中最常用的一种；作为制度性政策规范的"法律法规"政策工具明显偏少，说明我国能源扶贫政策还需要不断完善法律保障。其次合同式诱导工具和互动影响式工具运用较少，均占政策工具的22.6%，而且各种政策工具的使用比较平均，这说明我国能源扶贫政策在调动社会和个人力量层面的关注度差异不大；使用最少的是"税收优惠"这一政策工具，仅占2.8%的比重，这显示出我国能源扶贫政策对于激励企业参与扶贫开发的力度不够。"宣传推广"政策工具所占比重较少，目前只有光伏扶贫模式在全国进行推广。

表6　　　　　　　　30 年来中国能源扶贫政策工具统计

工具类型	工具名称	条文编号	小计	所占百分比（％）
结构式 强制工具	法律法规	2 - 1，14 - 1，20 - 1，25 - 1，33 - 1，35 - 1，44 - 1，50 - 1，56 - 1，63 - 1	10	4.7
	目标规划	1 - 2，4 - 2，8 - 2，10 - 2，11 - 2，……，87 - 2，90 - 2，91 - 2，102 - 2	61	28.8
	工作制度	6 - 3，15 - 3，16 - 3，19 - 3，26 - 3，……，63 - 3，68 - 3，90 - 3，102 - 3	22	10.4
	基础建设	4 - 4，9 - 4，10 - 4，12 - 4，19 - 4，……，78 - 4，85 - 4，91 - 4，101 - 4	23	10.8
总计			116	54.7
合同式 诱导工具	税收优惠	10 - 5，11 - 5，39 - 5，41 - 5，85 - 5，92 - 5	6	2.8
	财政投入	10 - 6，20 - 6，22 - 6，29 - 6，30 - 6，……，71 - 6，73 - 6，90 - 6，102 - 6	18	8.5
	政府补贴	17 - 7，22 - 7，27 - 7，28 - 7，34 - 7，……，63 - 7，69 - 7，92 - 7，93 - 7	15	7.1
	示范建设	1 - 8，7 - 8，41 - 8，42 - 8，57 - 8，58 - 8，65 - 8，75 - 8，93 - 8	9	4.2
总计			48	22.6
互动式 影响工具	完善市场	21 - 9，29 - 9，31 - 9，46 - 9，49 - 9，68 - 9，……，87 - 9，88 - 9，90 - 9	20	9.4
	宣传推广	2 - 10，7 - 10，14 - 10，33 - 10，40 - 10，47 - 10，……，89 - 10，92 - 10，101 - 10	13	6.1
	信息支持	3 - 11，5 - 11，11 - 11，16 - 11，32 - 11，……，72 - 11，91 - 11，100 - 11	15	7.1
总计			48	22.6
合计			212	100

（三）政策参与主体维度分析

能源扶贫作为我国扶贫开发事业中的重要组成部分，政府、企业、个人都在扶贫开发中扮演着重要角色。三种主体的性质不同，目标定位也不一样。政府在扶贫开发中起着导向作用，对扶贫工作进行整体调控；企业作为市场经济的微观主体，对于贫困地区经济发展具有直接的推动作用；

个人是扶贫开发政策的目标群体，贫困人口的主动参与才是脱贫的关键。从图 5 可以看出，在 1995 年之前，政策参与的主体较为单一。政府从始至终都作为我国能源扶贫的中坚力量，而且参与的力度不断加大。自 1994 年国家《"八七"扶贫攻坚计划》开展以来，政策参与主体中企业和个人的数量开始有所增加，而且近几年体现出越来越明显的多元化趋势，这说明我国能源扶贫政策对于企业和个人的逐步关注。从个人来看，直接涉及贫困人口参与扶贫的政策仍然偏少。从综合来看，政府与企业、个人之间合作的政策日益增多、多主体联合参与的政策从无到有、由少到多。特别是 2006 年以后，企业、个人在扶贫开发中有所增加，多元化的参与主体、市场化的扶贫开发方式是未来能源扶贫发展的趋势。

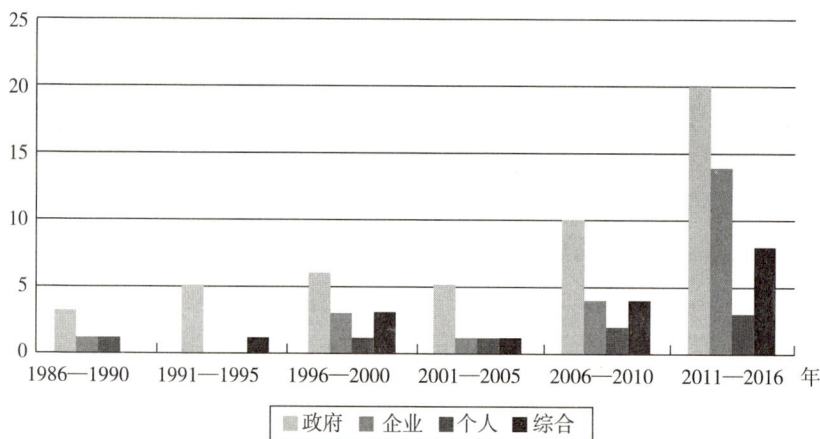

注：能源扶贫政策涉及多个参与主体的如"政企合作""政府和个人合作"等，全部归于"综合"一类。

图 5　不同时段能源扶贫政策参与主体分布

四、研究结论

为了科学考察 30 年来中国能源扶贫政策发展阶段和演变特征，本文采用文本内容分析法研究了 1986—2016 年的 103 份国家能源扶贫政策文本。一方面通过政策起步阶段（1986—1993 年）、政策规模化阶段（1994—2005

年）、政策成熟阶段（2006—2013 年）和政策转型阶段（2014 年至今）四个阶段的划分系统回顾 30 年来的政策演变过程，另一方面借助政策工具二维分析框架研究了政策文本的逻辑结构和内在联系，主要得出以下结论。

第一，政策演变整体上呈现出从诞生到不断完善成熟的完整生命周期，目前已经显现出转型升级的发展趋势。在政策初步形成阶段，我国能源扶贫政策只是集中于对传统能源的简单开发，随着新能源产业的兴起，能源扶贫政策涉及的领域不断丰富，以电力基础设施建设为依托，政策类型不断成熟。在国家"精准扶贫战略"提出以后，以光伏扶贫为代表的能源扶贫政策开始转型，政策工具和内涵不断创新。

第二，以政府为主导的强制型能源扶贫政策特征明显，扶贫政策的"靶向性"略显不足。首先，经过几十年的扶贫开发，特别是几轮大规模农村电网改造规划和建设，我国能源扶贫取得了巨大成果。其次，目前我国贫困地区和贫困人口呈现出片区集中的特点，大范围的普遍扶贫开发缺乏针对性，资源配置不够合理。现阶段在风能和太阳能领域存在的"弃风限电"的现象比较严重，原本旨在缓解贫困地区能源需求问题的新能源产业受到了限制，在资源配置方面出现了浪费，扶贫效果并不好，迫切需要朝着"精准扶贫"的方向转变。最后，法律法规政策工具使用较少而且不平衡，主要法律法规集中于能源产业，而对于扶贫主体的行为却缺乏相应的规范。

第三，政策参与主体呈现出"简单"多元化的特征，政策横向配合有待加强。一方面，我国能源扶贫政策所涉及的部门越来越多，包括国务院扶贫办、国家发展改革委、国家能源局等众多中央部委，每个部门都利用自身职能优势参与扶贫政策制定，共同构成了能源扶贫的政策体系；另一方面，各部门依据上级意见精神来自上而下地单独制定扶贫政策，是一种单一的、纵向的政策执行，共同协调和参与的政策样本比例较少，这说明政策措施配合度不够，因而呈现出政策参与主体的"简单"多元化特征，尚未实现真正的政策协同，政策合力难以体现出来。

展望未来，贫困问题的长期性和复杂性决定了扶贫是一项长期的事业。

一方面，能源扶贫政策的制定和政策工具的运用应着眼于当前新常态下的经济社会环境，从政策角度逐步放开社会资本的准入门槛，创新能源领域投融资模式（如 PPP 模式），提高社会资本参与能源扶贫的效率；另一方面，贫困人口的参与途径和利益分配机制是能源扶贫的焦点。在政策制定和实施过程中，应不断拓宽贫困人口参与的途径，帮助他们在就业与创业的实践中获得自我发展的能力；同时积极探索能源扶贫领域的利益分配机制，使贫困人口稳定获利。

参考文献

［1］李慷，刘春锋. 中国能源贫困问题现状分析［J］. 中国能源，2011（8）.

［2］Bazilian M，Nakhooda S，Van de Graaf T. Energy governance and poverty. Energy Research & Social Science，2014，1：217－225.

［3］魏一鸣，廖华等. 中国能源报告（2014）：能源贫困研究［M］. 北京：科学出版社，2014.

［4］Sovacool B K，Drupady I M. Energy access，poverty，and development：the governance of small－scale renewable energy in developing Asia. Routledge，2016.

［5］Arto I，Capellán－Pérez I，Lago R，et al. The energy requirements of a developed world. Energy for Sustainable Development，2016，33：1－13.

［6］Moe E. The Political Economy of Sustainable Energy Transitions. Global Environmental Politics，2016.

［7］Okushima S. Measuring energy poverty in Japan，2004－2013. Energy Policy，2016，98：557－564.

［8］Rothwell R，Zegveld W. Reindusdalization and Technology［M］. London：Logman Group Limited，1985.

［9］Fouquet D. Policy instruments for renewable energy － From a European perspective. Renewable Energy，2013，49：15－18.

［10］ Murphy L C. Policy Instruments to Improve Energy Performance of Existing Owner Occupied Dwellings. A + BE｜Architecture and the Built Environment, 2016, 6 (17)：1 - 242.

［11］ Polyakov M, Teeter L. The influence of regulatory forest policy tools on biodiversity measures for forests in Ukraine. Forest Policy & Economics, 2005, 7 (6)：848 - 856.

［12］ Chapman A, McLellan B, Tezuka T. Strengthening the Energy Policy Making Process and Sustainability Outcomes in the OECD through Policy Design. Administrative Sciences, 2016, 6 (3)：9.

［13］ 曾婧婧, 胡锦绣. 政策工具视角下中国太阳能产业政策文本量化研究 ［J］. 科技管理研究, 2014 (15).

［14］ Liao Z. The evolution of wind energy policies in China (1995—2014)：An analysis based on policy instruments. Renewable and Sustainable Energy Reviews, 2016, 56：464 - 472.

［15］ Howlett M. & Ramesh M. Studying Public Policy：policy cycles and policy subsystems. Oxford：Oxford University Press, 1995.

个体化抑或集体经营：精准扶贫中基层政府的行动取向分析

◎张立荣　朱天义

华中师范大学，湖北武汉，430079

摘　要：在推进精准扶贫的过程中，基层政府功能的"双轨化"促使其产生个体化扶贫与集体经营扶贫的行动偏好。个体化偏好强调短期内增加个体收入、缩小贫富差距以完成政策目标。集体经营偏好偏重通过乡村自组织发展、集体产业化发展、公共生活重建来提升乡村可持续内生发展能力，并以集体经营利润来保障弱势群体，减轻政府负担。相比而言，后者更切合国家推进精准扶贫的战略意图。基层政府个体化扶贫偏好既是压力型体制下基层政府的理性选择，也源于低组织化的乡村社会无力承接政府扶贫资源。基层政府个体化的扶贫偏好不仅会造成公共性的流失，使扶贫政策产生负外部性，也容易在政策执行过程中出现短期化、形式化问题。未来推进精准扶贫当延续集体经营的发展思路，在政府的领导与协调下依托产业化发展、组织化水平提高来提升乡村社会的内生发展能力。

关键词：精准扶贫　产业扶贫　个体化扶贫　集体经营扶贫　基层政府

一、问题提出：基层政府的扶贫取向是什么

在精准扶贫政策推进过程中，政府因其独特的优势成为核心领导力量：

一方面，政府可以利用自上而下的科层制管理体制，建立强有力的反贫困组织机制和层层负责的制度；另一方面，政府也可以利用公共权力，调动经济、社会和文化资源推进扶贫的进程。基层政府作为国家权力向基层社会延伸的"神经末梢"，其行动偏好直接关系到国家扶贫战略目标的实现。因此，基层政府在执行扶贫政策中的行动逻辑成为学界关注的热点。Montalvo 和 Ravallion 利用省级面板数据，研究了 1980 年以来中国财政投入的减贫效果，充分验证了政府支出在减少贫困中的作用[1]。张伟宾和汪三贵认为农村扶贫政策从生产能力、市场参与和缓解脆弱性等方面改善了贫困地区农民分享经济发展成果的机会与能力[2]。柏振忠和李长雨以区域数据为样本进行验证，认为加大政府资金投入无论对于增加农民收入，还是降低贫困人口的比重都具有非常明显的作用[3]。

然而在基层社会，部分政府部门扶贫政策的实施并不理想。第一，扶贫政策效率低。张全红利用向量自回归模型就中国政府的农村扶贫资金投入和贫困减少的长、短期关系和 Granger 因果关系进行了经验研究，发现农村扶贫资金对于农村减贫在短期内具有促进作用，但效果不显著[4]。赖明和成天柱利用 2001—2010 年的县级面板数据证明财政扶贫资金存在效率损失[5]。任超认为，"精准扶贫的精准识别要求与贫困户的非精准定位相矛盾致使精准扶贫功能与效益不高"[6]。第二，扶贫政策执行出现偏差。王文龙认为"包村扶贫注重短期效益，形式主义严重，这种建立在权力部门合法伤害权基础上的扶贫政绩竞赛进一步强化了权力'寻租'，造成政府权力过度膨胀，导致扶贫资源配置扭曲"[7]。李博以国家级扶贫县的实践为依据提出，"依附于科层制下的扶贫项目在实施前的选择性平衡、实施中的反科层制逻辑以及落地后的短期效应，造成项目制在扶贫中功能甚微"[8]。

朱天义将上述问题的诱因归结为精准扶贫中基层政权存在的选择性治理偏好，即"在扶贫工作中，乡镇政权往往依据乡村的承接能力以及资金配给能力将扶贫村划分为中心村、一般村庄和边缘村。中心村是扶贫项目重点关注的对象，而边缘村鲜有人问津"[9]。许汉泽和李小云从政社互动的角度提出，"农村普遍存在的'平均主义'思想导致贫困户指标在小组内和小组间平均分配，偏离了精准识别的要求。农民满足于生活自给自足的小农生存伦理与精准扶贫政策的发展性目标之间的冲突导致项目扶贫效果不佳"[10]。刘升认为，"乡土精英借助后税费时代农村社会形成的结构性权力真空、地方社会对精英的认同文化攫取资源控制权力，导致农村社会贫困的代际传递和村庄治理的内卷化"[11]。

上述成果从政府和乡村社会两个层面对扶贫政策执行低效的原因进行了研究，前者展示了政府决策偏好对扶贫绩效的影响，后者则论述了乡村社会本土因素对扶贫政策执行的作用。但二者对基层政府扶贫政策执行的行为偏好的关注度略有不足，这恰恰决定了政策执行的力度和扶贫资金的真正流向。笔者以江西省两县精准扶贫实践为对象，采用半结构访谈与参与观察的方法，通过对乡镇、村干部、扶贫工作队等不同主体的访谈，详细了解基层政府在确定精准扶贫实施方案、考核以及监督等方面的流程，试图回答以下问题：精准扶贫政策执行时基层政权的行动偏好是什么？这些行动偏好与国家精准扶贫的旨趣有无矛盾？基层政府执行偏好的根源及其限度是什么？

二、基层政府功能的双轨化与双重扶贫行动逻辑

基层政府作为国家权力与基层社会接触的"末梢"，在推进国家治理体系与治理能力现代化进程中发挥着至关重要的作用。其中，基层政府的行动偏好及运行逻辑直接影响国家贫困治理的绩效。

（一）基层政府的功能"双轨化"与双重行动偏好

基层政府一端扎根于基层社会，深谙民情民意，与基层社会有广泛的联系，当以服务基层民众和服务基层社会的发展为己任。马克思主义认为，人民是历史的创造者，是历史活动的主体，是推进历史前进的决定性力量。"随着历史活动的深入，必将是群众队伍的扩大"[12]。"自阶级产生以来，从来没有过一个时期社会上可以没有劳动阶级存在的"[13]。"无论不从事生产的社会上层发生什么变化，没有一个生产者阶级，社会就不能生存。"此外，基层政府在推进精准扶贫的进程中还存在"治理资源有限"[14]"治理

工具缺乏"[15] "社会动员能力下降"[16] 等问题，要顺利推进贫困治理，完成科层制任务就必须获得民众的认同与配合。

但同时基层政府作为国家权力在基层的延伸，又需要承担来自科层制组织自上而下的压力和任务。地方政府是一个结构完整、联系紧密的组织系统，在基层治理中，上级政府往往通过"行政压迫"的方式来动员"体制内部"的下级政府或部门。储建国和包涵川认为，在中国的政治运作中存在着自由裁量权的嵌套结构，在正式制度运行层面，上级通过检查验收、行政事务的最终决策权、任意的行政干预、下级官员的晋升和任免等措施强化对下级的控制，下级则在不违背上级基本原则的条件下灵活变通执行上级的政策，对上级负责并依赖上级。在非正式权力运行层面，上级一方面通过强度政治激励，促使下级迎合上级的偏好；另一方面通过强化外部控制来约束下级[17]。

基层政府权力的双重认同来源衍生出基层政府的双重功能。其一，科层制管理功能。为了达成贫困治理的目标，基层政府一方面不仅需要紧紧把握上级政府部门的偏好，采取相应的扶贫措施应对上级政府的考核，以获取上级政府的支持与政治激励，在府际竞争中占据优势；另一方面还需要对政府组织内部的结构、人员结构以及权力运行流程进行优化，以更好地推进上级政府政策规划的贯彻落实。其二，社会治理功能。从中国共产党对政府的定位来看，党的十六届三中全会首次强调，要增强政府服务职能，首要的是深化行政审批制度改革，政府职能从"全能型"转向"服务型"，政府决策建设突出规范化，增强透明度和公众参与度。习近平总书记指出，乡镇政府是我国的基层政权组织，是党和政府联系人民群众的桥梁和纽带，是贯彻落实党和政府决策部署的战斗堡垒。现阶段建设坚强的基层政权，很重要的一点是用服务型政府理念引领基层政权建设，加快建设乡镇服务型政府。与双重功能相适应，基层政府在扶贫实践中体现出了两种行动偏好：一种是个体化扶贫偏好，另一种是集体经营偏好。

（二）精准扶贫与基层政府扶贫偏好的张力

个体化扶贫偏好与发展集体经营偏好就像一个光谱的两极，基层政府总是在两者之间摇摆和徘徊。个体化扶贫偏好是指在压力性体制下，理性的基层政府为了尽快完成自上而下的绩效考核指标，短期内提高贫困个体收入水平的行动偏好。个体化扶贫偏好的内涵分两个层次：第一，基层政府在执行扶贫政策的过程中，将贫困户数量作为指标摊派给部门和基层干部，并将贫困户短期收入增加作为绩效考核的依据；第二，在扶贫资金的流向上倾向于将资金以个人的名义分发，扶贫资金最终流入了贫困人口的个人账户。数量庞大的扶贫资金化整为零无论对于个人的发展还是乡村经济的发展作用都很有限。此外，由于个体人力资本、社会资本以及获取扶贫资源机会的差异，少部分乡村精英反而在扶贫资金的获取上更占据优势[18]，而真正贫困的个体却无法得到帮扶，从而使得国家的扶贫政策在基层社会遭遇"精英俘获"①。

集体经营偏好是指在社会发展条件具备且发展需求旺盛的背景下，基层政府协调地方经济、文化、社会资源，整合和协调政府组织机构，通过恢复乡村经济社会的内生发展能力，最终实现个体民众脱贫的行动取向。集体经营偏好的内涵分为以下两个方面：第一，扶贫资金优先应用于发展乡村经济，培育乡村经济社会的内生发展能力，而不是如个体化偏好一样将资金全部分发于个人手中，陷入"漏斗陷阱"②中。第二，基层政府要监督村自治机构合理应用村集体经济资源，协调好经济发展与个体福利共享之间的关系。

"精准扶贫不能片面地看待'到村到户'的工作要求，也不能将精准扶贫视为单一主体的职能，单纯追求数字层面、指标层面的'脱贫'，需要将经济目标、社会目标、文化目标有效统一起来提升内生发展动力。[19]"第

---

① "精英俘获"（Elite Capture）意指发展中国家的发展项目或反贫困项目实施过程中，地方精英凭借自身具有的参与经济发展、社会改造和政治实践的机会优势，支配和破坏社区发展计划和社区治理，扭曲和绑架了发展项目的实施目标进而影响社区发展项目的实施和效果。参见 Antlow. H. Village Government and Rural Development in Indonesia：The New Democratic Framework. Bulletin of Indonesian Economic Studies，2003，（2）.

② 指在个体化的精准扶贫思维的指导下，基层政府将扶贫资金全部按人头分发给每个人，使得原本就很有限的扶贫资金不仅不能帮助贫困人口脱贫致富，而且因为每个人分得的资金有限最后流入消费领域，而不是用于个人发展领域，形成越扶越贫的尴尬局面。

一，消除贫困是社会主义本质的体现，精准扶贫要以切实辅助贫困人口脱贫为最终目的。2015年11月27日至28日中央扶贫开发工作会议，习近平总书记强调消除贫困、改善民生、逐步实现共同富裕，是社会主义的本质要求，是我们党的重要使命。全面建成小康社会，是我们对全国人民的庄严承诺[20]。第二，精准扶贫要以产业化带动乡村社会发展，要将农村地区的资源开发与市场需求结合起来，壮大乡村经济规模。习近平总书记在中央政治局第三十九次集体学习中强调："要提高扶贫措施有效性，核心是因地制宜、因人因户因村施策，突出产业扶贫，提高组织化程度，培育带动贫困人口脱贫的经济实体。"[21]第三，精准扶贫要通过提升乡村社会的自组织水平来提升其内生发展能力。习近平总书记强调："要加强贫困村两委建设，深入推进抓党建促脱贫攻坚工作，选好配强村两委班子，培养农村致富带头人，促进乡村本土人才回流，打造一支不走的扶贫工作队。要充实一线扶贫工作队伍，发挥贫困村第一书记和驻村工作队作用，在实战中培养锻炼干部，打造一支能征善战的干部队伍。农村干部在村里，工作很辛苦，对他们要加倍关心。"[22]第四，精准扶贫要以社会主义核心价值体系为指引，重塑乡村社会的公共文化环境，促进物质扶贫与文化扶贫相协调。精准扶贫政策的战略定位与基层政府的扶贫取向存在很大的关联。其一，两者的落脚点都在于解决贫困人口的脱贫问题，集体经营强调通过政府与社会的互动来提升民众的内生发展能力，并兼顾经济扶贫与文化扶贫的协调。但个体化偏好只单纯强调"输血式"扶贫，结果导致扶贫资金最终流入消费领域，无法起到促进贫困人口发展的目的。其二，集体经营偏好主张要通过贫困地区的产业化发展来壮大集体经济，并做到让贫困人口共享发展成果。但个体化偏好明显对发展经济关照不够。总体而言，在乡村社会低组织化、低自主发展能力的前提下，集体化经营偏好更有利于推进精准扶贫政策落到实处。

三、基层政府扶贫实践中的取向冲突：个体化抑或发展集体经营

精准扶贫的初衷在于政府与社会对接的过程中提升基层社会的内生脱

贫能力。在扶贫实践过程中，基层政府围绕如何提升乡村社会的内生发展能力形成两种行动逻辑：一种倾向于将扶贫资源大而化之，分散于每个个体之中，以此短时提高个体经济水平，其中又包括政府扶贫资源流向的个体化和政府内部绩效考核的个体化；另一种倾向于将分散的扶贫资源汇聚，通过壮大乡村的集体经营能力和提升乡村发展的抗风险能力来实现全部扶贫的目的。

（一）扶贫个体化与基层政府的理性偏好

1. 个案介绍

WN 县位于赣西北，国土面积 3507 平方公里，全县辖 8 镇 11 乡，1 个街道办和 1 个开发区，186 个行政村，其中山区乡（镇）7 个，66 个行政村；沿湖乡镇 12 个，120 个行政村。全县总人口 39.15 万，其中在贫困线徘徊的人口 3.85 万，按照年人均纯收入 2736 元的标准来推算，该县贫困农户 9966 户，贫困人口数 29208 人，其中一般贫困户 3768 户，低保贫困户 3808 户，纯低保户 949 户，五保对象 1439 户。[①] 恶劣的环境形势直接制约着该地经济社会的发展。该地区域面积大，居住分散，特别是居住在深山区和库区的群众居住条件和环境十分差，耕地面积极少，自然灾害频繁。全县有五分之一的人口住在深山区，为了生存，年轻人都外出打工，中年人在县城附近打临工，有部分群众自发从山里搬出来，去投亲靠友。WN 县有五分之二的人住在库区（WN 县是江西省第一大库区移民县，有库区移民 16 万多人），库区人民为了国家建设，舍去了自己世居的家园，后靠和搬迁到条件差的地方落户，一切都要从头开始，而且现在种的都是挂壁田地，无水利设施，靠天吃饭，生活水平一直停留在温饱线上。但 WN 县与其他地区相比并非一无是处。WN 是生态大县，境内山清水秀、风光秀美，森林覆盖率达 72.1%，负氧离子年平均值达 5 万个/立方厘米，大气环境质量达国家 1 级标准。地下探明有极为丰富的钨、铜、锑、锰等有色金属资源和大理石、煤炭、页岩气等非金属矿产资源，地上有得天独厚的生态旅游资源，

---

① 数据来源于该县贫困人口脱贫措施计划书。

还有丰富的林业资源、水产资源。WN 县贫困落后的现实与丰富的资源储备之间的矛盾不由使笔者有此疑惑：为什么守着金饭碗该县民众还发展不起来呢？

2. 个体化社会与扶贫的"漏斗效应"

改革开放以后，随着市场经济的发展，中国逐渐由"总体性社会"向个体化社会演变，个体"行为关照的对象由传统村落社区、社会主义集体、家族乃至家庭转变为个体自身。他们对村落社区的认同越来越淡漠，跟集体几乎没有任何利益联系，家族只是偶尔勾起对共同祖先残缺不全记忆的形式共同体，家庭不但日渐核心化而且日益不稳定"[23]。当这种个体化的社会境遇与政府的个体化的扶贫趋向相结合，不仅会导致政府扶贫资金的低效，还会滋生大量的形式主义扶贫行为。

其一，早在 2016 年 WN 县就确定了扶贫的绩效目标，即贫困人口全部脱贫。2016 年脱贫 1.6 万人；2017 年脱贫 0.3098 万人。2016 年退出 8 个贫困村；2017 年退出 3 个。为完成这一目标，政府会将大量的扶贫资金划归到零散的个体账户之下。建档立卡贫困人口人均一亩面积内，每亩补助 2000 元，从 2015 年开始，分五年按照 500 元（整地验收合格后发放），500 元（苗木栽植后发放 350 元，完成抚育管理发放 150 元），500 元，300 元，200 元进行奖补（超过人均一亩的部分按非贫困人口种植油茶奖补标准进行补助）。同时，建档立卡贫困户还可以叠加享受市财政对油茶种植产业的相关补助。

其二，推进农村危房改造。整合新农村建设、危房改造、易地搬迁、灾后重建、贫困残疾人危房改造等项目资金，加快推进农村危旧房改造。重点帮扶特困户危房改造，对经调查核实确属建不起房的特困家庭（五保户除外），按人均 20 平方米、户均不低于 60 平方米不高于 80 平方米的标准，对其新建安居住房按 500 元/平方米进行补助。

3. 扶贫个体化与政府绩效考核

与上文提到的政府扶贫资金流向的个体化相适应，政府在内部管理和工作人员绩效考核中也严格按照扶贫个体化的思路展开。

其一，将脱贫指标摊派到个人。WN 县在 2016 年已建立"县级负总责，乡镇抓落实"的脱贫攻坚工作管理体制，相关文件规定，县一级是扶贫开发攻坚的工作主体、责任主体、实施主体、管理主体；乡镇、村主要抓好具体工作落实。乡镇党政"一把手"对本地扶贫攻坚负总责，帮扶部门"一把手"对部门帮扶工作负全责。进一步完善干部结对帮扶制度，全县每位县级领导不少于 3 户、每位科级领导不少于 2 户、每位科级以下工作人员（教师、医生除外）不少于 1 户，其余贫困户由所在行政村党员干部包干兜底，确保每个村都有 1 支驻村扶贫工作队，结对帮扶不漏一户，不缺一人。驻村扶贫工作组和贫困户帮扶责任人包干完成脱贫任务，不脱贫不脱钩，形成上下贯通、横向到边、纵向到底的责任体系。

其二，严格考核奖惩措施。WN 县还建立了年度扶贫开发工作督查制度，出台扶贫开发工作成效考核办法。坚持在脱贫攻坚第一线考察识别干部、锻炼培养干部、选拔任用干部，把扶贫开发实绩作为选拔使用干部的重要依据，对扶贫实绩突出的优秀干部优先提级、提拔任用，对扶贫攻坚措施不力、成效不佳、弄虚作假的党政领导干部严格问责，对扶贫帮扶和驻村帮扶重视不够、工作不实的单位领导及时调整。将脱贫攻坚作为村级考核的重要内容，对年度脱贫攻坚任务完不成的村不能评先，村党支部书记不能评先。这项政策的结果导致很多基层干部不得不自掏腰包来扶持贫困对象。

（二）发展集体经营：政社协商共促的选择

1. 个案介绍及意义

XS 县是位于江西省西北的一个国家级贫困县，HX 村曾是该县典型的贫困村，被省财政厅等多家单位作为对口帮扶的对象。该村距离县城 20 多公里，三面环山一面临水，下辖 15 个村民小组，共计 612 户人家 2712 人。在 2009 年之前 HX 村"两委"一直是由土生土长的村干部掌控，村领导班子发展乡村经济的积极性不高，"等""靠""要"思想观念明显左右乡村经济社会的发展，因此该村集体经济薄弱，村集体负债累累，甚至村干部 4

年都发不出工资。政府部门个体化的扶贫思维①与乡村固有的"等""靠""要"思想观念结合不仅无益于脱贫，反而使村庄人心浮乱。该镇工作人员表示，在 2009 年之前，该村赌博之风横行，刑事案件频发，镇干部曾 6 年无法进入该村开展计划生育工作。

但是，HS 村的发展境况随着该村外出打工创业的体制外精英的回流而发生了改变。回流乡村的精英在政府部门的支持下，部分人担任了村两委班子成员，在他们的引导和带领下，该村一方面完善投资环境，争取更多的扶贫资金和社会资源；另一方面也对以往的发展思维和发展模式进行了调整，不仅摆脱了过去的陈旧思路，而且将重点放在发展集体经营，在集体经营的基础上夯实乡村经济基础，并依托集体经营的收益辅助贫困户，发展村公益事业。近年来，该村发生了翻天覆地的变化：从产业结构来看，HS 村建立了包括花卉、苗木、养殖、蚕桑、酿酒、加工于一体的产业结构。2008 年该村创建了产业园区，2009 年便引进了 4 家企业在此落户，当年就解决了村里 100 多人的就业问题。该村还大胆开拓创新，引进省蚕种场在此建立养殖基地，2012 年该村仅春蚕的产值就高达 100 多万元，该村纯收入超过 5 万元的就有 30 多户。2015 年该村蚕桑产业的产值就攀升到 500 多万元。从人均纯收入来看，2011 年该村人均纯收入从 2008 年的 1300 元上升到 4000 元。以 HS 村为个案展开深度剖析，不仅与政府传统的个体化扶贫的思维形成照应，而且有助于为欠发达连片特困区找到脱贫致富的新路子。

2. 发展集体经营：落后村的发展基点

在社会组织化水平较低和村民个体化的条件下，由于人力资本与社会资本、财力以及文化资源的匮乏，村民很难依靠自身来实现脱贫致富，因此，政府部门将扶贫资金置于个人名下以图增加贫困人口收入的扶贫模式

① 政府部门的个体化扶贫包括如下几个方面：其一，为了尽快完成单位扶贫攻坚的任务，很多单位将脱贫指标摊派给每个政府干部，并将其作为机关干部绩效考核指标，诸多干部为了自己的工作不受影响只的自己掏钱接济贫困百姓的生计；其二，政府部门将扶贫资金按户或人口进行分配，结果导致这些扶贫资金最终仍流向消费领域，并为对乡村发展起到长远影响。

最终会因资源的过度分散而陷入无效。HS 村从 2009 年实行了村委会牵头，村民入股的发展脱贫的路子。

其一，村干部带头投资，提升村民对乡村发展规划的信任度。HS 村村民对于村干部的不信任是由来已久的，由于以往受旧有的发展思维地限制，村干部机会在乡村经济发展中可谓乏善可陈。此外，村干部只为自己利益考虑的心态也固化了村民对村干部的刻板印象，干群关系并不和谐。再加上封闭环境下村民固有的小农自保意识的作用，人人都想分利，而人人均怕担责，因此在村两委推出发展项目的起初并没有多少人响应。无奈之下，担任该村村委会主任的经济能人徐某自己垫付启动资金，并经广泛动员后说服该村所有村干部入干股来打消村民的疑虑。在村干部的示范作用下，村民逐渐认可以土地入干股分红，并带薪参与项目建设的方案。

其二，村两委作担保，争取资金扶持贫困户发展。该村贫穷、偏僻，在 2008 年之前除了部分青壮年外出务工之外，其他人都陷入靠天吃饭的境地，结果导致很多村民在银行的贷款无法及时偿还，该村的信誉级别普遍较低，有的村民甚至被银行拉入 "黑名单"。新任村支部书记上任后，大胆构想，通过采取 "农户自己凑一点，政策补贴一点，村两委担保贷一点" 的方式向银行借贷为农户购买农用机械、扩建猪舍、购买运输车辆等。此外，村两委为杜绝村里盗窃、斗殴的恶习，多次走访农户家中，听取民众的意见和建议，并通过吸引外资、丰富产业结构、提升农产品附加值的方法增加就业机会，吸引更多的青壮年就地入职。

其三，促进资源结构重组，提升集体经营的能力。（1）人力资源结构重组。在社会组织化程度较低、村民个体化的条件下，乡村治理精英成为与政府合作推进扶贫工作，协调国家与社会的核心纽带。[24] 在 2008 年的村支部书记选举中，现任村支部书记由村民全票选举产生，在徐某的带领下，大量外出务工创业的该村精英返回家乡建厂创业，部分人进入了村两委班子，对于调整该村发展思路，科学运用政府扶贫帮扶资金起到了非常关键的作用。（2）社会资本重组。乡村治理精英相比其他普通群众拥有更多的社会资本，回流精英的加入对于重塑乡村经济生态具有非常积极的促进作用。2008 年恰逢国际金融危机爆发，HS 村大量的外出务工人员被迫返乡，为解决民众的生计问题，新任村支部书记徐某动员自己的关系网络，引进多家企业进驻该村，为该村提供就业岗位。之后徐某努力向政府申请扶助资金180 多万元修建了村组公路，并投资 500 多万元建造了村口大桥，各项公共设施建设逐渐完成。

3. 乡村公共生活重建：乡村扶贫的价值旨归

其一，整治私性文化，为扶贫创造良好的人文环境。在传统的乡村社会环境下，村庄社会关系网是相互勾连的，身处关系网中的个体会时时刻刻受到网络中其他的个体的监督与约束。此外，乡村关系网衍生出的乡村价值规范对成员的行为也有很重要的约束功能。但是，随着乡村社会开放性增强，与外部世界的交流增多，乡村社会的文化环境越来越呈现出多元化的特征。村民不仅将大部分时间挥霍于寺庙朝拜、教堂礼拜、宗祠祭祀等，而且嗜酒、赌博之风盛行。全村 500 多户，人口 2700 多人，在赌博之风盛行之时光麻将桌就有 62 桌，每天将近有 300 人沉迷于麻将的游戏生活中，有的村民甚至发展到不顾家、不干农活的地步。为了净化村发展的环境，村两委深入群众中做思想工作，先后四次召开麻将桌户主会议讨论如何取缔麻将之风，最终提出依靠发展乡村经济，提振村民士气来取消劣质文化对乡村的影响。之后，该村陆续引进二级电站、纯金水厂、服装厂、五金厂等企业，解决了大量乡村无业人员的就业问题。

其二，依托集体经营发展社会公益事业。HS 村在发展集体经营获利后并不是把所有的经营利润化整为零分散到各个村民中，而是在满足村民股权分红权益的基础上给乡村公益事业发展留足了资金。（1）早些年由于村庄经济发展水平较差，基础设施落后，导致很多身处一线的小学老师从该村小学流失，教师队伍储备严重不足，留守儿童的教育成了问题。新任村两委班子经过协商，决定从村集体收益中抽出一部分作为对在校老师的奖励。具体的实施办法包括：第一，住校老师与学生自愿结对，学生放学后可以继续待在学校由老师代为监管并辅导学生作业，村委会给予该在校老师一定的补贴；第二，针对学生的考试成绩在整个学区的排名，村委会相应地给予代课老师、班主任等差额奖励。（2）用集体经营收益发展社会福利。和其他地方的扶贫实践相类似，HS 村也遇到了鳏寡孤独者无法依靠自身脱贫的问题，在很多地方这一群体最终处于被边缘化的地位，不得不依赖政府的"五保户"补贴度日。HS 村独辟蹊径，将这些人群聚集起来，对他们进行简单培训后，安排他们负责村街道的打扫卫生工作，并支付每人每月 1500 元工资，不仅很好地解决了这一群体的生活问题，实现脱贫，而且也更有尊严地活着，部分人已经在脱贫之后退了政府五保户的名额。

总体来看，存在于基层政府中的个体化的扶贫模式虽然见效快，能够在短时内增加被捐助者的收入水平，提高他们的生活质量，并成功完成上级政府的绩效考核任务，但是在实践的过程中这种扶贫模式要么因为地方政府急功近利而搞形式主义，要么因为基层干部本身领导经济发展能力不足而无力对结对帮扶对象产生长远的积极影响。而集体化经营将扶贫资金画零为整，以集体的力量去发展生产，去迎接市场发展的风险，并同时兼顾贫困人口和无工作能力者的社会保障问题，做到扶贫的全覆盖，更有借鉴意义，因此，我们就需要深度挖掘。既然个体化的扶贫模式存在诸多弊端，为什么它会在政府的扶贫行动中出现呢？

四、基层政府个体化扶贫行动逻辑的诱因

（一）压力型体制下基层政府的理性选择

官僚制组织遵循"理性主义"的逻辑，严格按照既有程序和非人格化规则运作，从而使得组织的行为与角色具有稳定性和可预期性。但是与官僚制的"理性主义"逻辑不同，基层政权组织的权力运作充满着随意性、权宜性、变通性和短期性，似乎任何有助于目标实现的技术、策略、手段和方式都可以拿来为基层政府服务。在扶贫实践中，基层政府既有短期内完成绩效考核目标的理性考量，也存在科层制体制下被迫行为的无奈。

一方面，在中国自上而下的科层体制之下，上级政府往往会按照自己的意志来确定下级政府部门的工作目标，并制定严格的绩效考核指标来检验下级政府部门的工作绩效。面对层层下压的考核压力，基层政府只能选

择将已经确定的扶贫对象按照"结对帮扶"和"包村扶贫"的方式分配给每一个基层干部。上级政府习惯用一票否决的方式对下级施加压力，迫使各乡镇和各职能部门都去拉关系，自铺摊子，上项目，以便能够得到上级信任，提拔重用。有些政府官员在这场考核行动中获得全胜，得到升迁，而有的政府官员却是一败涂地甚至遭到撤职罢免。为落实江西省办公厅关于全面推进农村扶贫帮扶到户的精神，WN县积极应对，采取多种方式来完成上级政府的要求。第一，挂点联系帮扶。每位县领导挂点联系一个乡镇（工业园），每个县直单位挂点联系一个或一个以上行政村。第二，干部结对帮扶。县（处）级领导每人结对帮扶贫困户不少于3户，科级干部每人结对帮扶贫困户不少于2户，科级以下行政事业单位工作人员（教师、医生除外）每人结对帮扶贫困户不少于1户。单位挂点联系村贫困户帮扶对象少于干部应帮扶户数的，则延伸至相邻村进行结对帮扶。第三，干部结对帮扶一包到底，不脱贫不脱钩。干部调动或其他特殊情况的，由原所在单位负责安排干部接替。不得不说这些政策将完整的政策目标细化到个体公务员，对于监督相关结对部门或者个人的扶贫工作都有很好的效果，但是很多公务员本身并不擅长指导和发展经济，精准扶贫最终演变为结对帮扶单位或者基层干部给扶助对象捐款脱贫。另外，为了更好地完成自上而下的科层制任务，在一些乡镇的扶贫工作中，乡镇政权往往依据乡村的承接能力和资金配给能力将乡村划分为中心村、一般性村庄和边缘村。中心村是指处于乡镇扶贫工作中心，项目指标重点配套的村庄。边缘村则处于乡镇扶贫工作的边缘，项目指标很少注入。一般性村庄是介于二者之间的村庄。在项目指标的分配中，乡镇对于中心村的投入力度要远远大于其他类型的村庄。精准扶贫最终就会出现"越富的越扶，越穷的越无人问津"的问题。

（二）低组织化乡村无力承接政府扶贫资源

在推进乡村精准扶贫的过程中，包括村两委、社会组织在内的组织团体对于承接政府的扶贫资源，协调政府与社会的关系以及化解基层社会的矛盾就有重要的价值。但是当这些组织条件不具备时，乡村社会便很快陷入"原子化""空心化"状态，根本无力有效承接来自政府和社会的扶贫资源，精准扶贫最终演变为贫困人口个体能从财政获得多少生活补贴。

其一，村两委组织涣散，功能弱化。村两委既是乡村社会治理的主体，又要做好镇委、镇政府的代理人和自治组织的当家人。它主要体现在村级组织维护农村秩序、带领群众发展生产的组织动员能力，也就是通常而言的村级组织的号召力、战斗力、凝聚力。但是像案例中描述的这些欠发达地区，村两委却存在一定的弱化趋势。一方面，农村税费改革以及林权制度改革后，村两委所垄断的集体经济资源大为减少，农民生产的自主性提高了，对村两委的依赖性逐渐降低，导致这些村庄的两委的动员能力降低；另一方面，由于案例中类似的村庄大都处于偏僻的地区，交通不便，很难有集体经济项目在此扎根，村组织除了出卖一些土地等资源外，在发展乡村经济方面难有作为。

其二，乡村精英外流，组织人才队伍青黄不接。由于个体所处其中的社会关系网络的差异性和延展性，个人所拥有的社会资本是不同的。在精准扶贫的进程中，乡村社会的精英因其在人力资源与社会资源上的优势决定了他们的行为在某种程度上对左右扶贫政策执行的绩效。WN 县为赣西北偏远落后的地区，每年的外出务工收入成为农村地区最主要的经济来源，大量的青壮年外出务工使得无数个村庄变为"空巢村"，家里的农活不得不依赖老弱病残等打理。在这种条件下，基层政府即使想要以开产业来带动乡村经济发展也是无计可施。HS 村的前后期变化也验证了这一问题。HS 村在 2008 年之前与诸多贫困村并无二致，在 2008 年 XS 县大力动员外出创业的精英回乡发展，并许以优惠政策。精英的回流不仅提振了村民发家致富的积极性，也使得村民可以通过彼此的互动来获取更多的社会资源、扶贫资源和信息资源。

其三，乡村社会自组织能力不足。社会自组织是指社会组织和机构在适应社会环境变化并与其他社会组织协同发展的过程中，经过自身努力促使自身组织结构不断进化，组织的运行机制和功能不断完善。具备了这种能力，民众就可以聚在一起面对面协商求得共识，消除分歧，调节冲突，增进彼此的信任，共同参与乡村扶贫开发行动。但是上述乡村社会的境况对于精准扶贫的推进却产生了极大的阻碍，除了精英人才的流失外，传统乡村社会的小农意识促使民众对于乡村发展经济项目要么冷漠处置，要么畏首畏尾不愿承担相应的风险。一旦政府的扶贫资源输入乡村，很快便被均等化瓜分，没有多少资金最终会流入乡村集体经营领域。

五、基层政府个体化扶贫行动的弊端

（一）加剧了乡村社会的利益纷争，共同体认同被弱化

在农村经营管理体制和林权制度改革的催化下，乡村的利益关系格局随着社会环境的变迁而不断调适。乡村社会"不患寡而患不均"，一旦有外部利益输入，原有的利益关系格局很快就会发生改变，甚至走向对立冲突的一面。访谈中有村民反映，县乡政府每年都会给他们村里一定数量的五保户指标，以此资助那些孤寡老人和残疾无工作能力的人，如果按照政策设计的初衷将这些扶贫指标物尽其用，必然不会出现什么矛盾，但是实际结果往往是与村两委干部走得近的个人或群体更容易获得这些资助，而真正有需要的人要么得不到资助，要么就是被打了折扣。还有的村庄为了不至于在村庄内部产生矛盾，往往是以五保户的名义将扶贫资金领取后截留在村公共账户，而后全村人平分。上述个体化的扶贫行为不仅严重背离了国家社会保障和扶贫政策的初衷，损害了政府的合法性和权威性，也使得维系乡村社会的公共规范遭到侵害，造成乡村社会公共性的流失。

（二）由于资源获取能力和发展能力的差异，弱势群体被边缘化了

社会资本理论认为，个体由于所处关系网以及在关系网中所占据的位置的差异，个人可获取资源的多寡和有价值资源的类型都存在很大的差异。在推进精准扶贫的过程中，自上而下的个体化的资源输入容易被乡村精英所俘获，最终导致精准扶贫出现"靶向偏离"问题，富裕的村落或个人不断获取资源，而贫穷者则处于被边缘化的境地。

（三）基层政府官员发展能力不足与个体化的扶贫取向结合加剧了资源配置的低效

在全国各级政府部门努力开展脱贫攻坚的背景下，各级政府部门不断层层向下发包，基层政府成为真正的承包方。为了尽快完成这些政治任务，县乡政府不得不将所有的任务细化、数字化，并摊派给每个干部。调研中除了小部分干部可以为乡村发展助力之外，其余的基本沿着两种方向延展：一是基层干部自身并无引导经济发展的能力，但是为了尽快完成上面的任务指标，只能以捐款的方式输送给自己的结对帮扶对象，这不仅不利于激发基层干部参与精准扶贫的积极性，反而使他们对扶贫政策产生抵触情绪。二是在理性计算的左右下，基层政府部门或者干部会选择更有发展能力的个人或者村庄，以求尽快获得实效，结果滋生了大量的形式主义。

总体而言，在自上而下的压力型体制下，基层政府为了尽快完成绩效考核指标无奈将扶贫指标个体化并摊派到每个部门或者干部个人，虽能在短期内提升个体的收入水平，缩小收入差距，但也容易产生政策短期化效应和形式主义等问题。集体经营扶贫是在基层创建，并经基层政府合理引导发展起来的，其强调的依靠乡村社会组织化水平提升、集体经营思路发展产业等对于提升乡村社会内生发展能力具有非常重要的价值。

六、小结与讨论

实践中，基层政府围绕推进精准扶贫工作形成两种行为取向，即个体化扶贫和集体化经营扶贫。个体化扶贫取向主张将扶贫资源化整为零分散到每个个体，并将每个贫困个体短期收入增长作为绩效考评指标。集体化经营扶贫强调利用整体的扶贫资源去扶持农村产业化经营，在壮大集体经营收益基础上去增加个体收益，并利用集体收益弥合个体之间收入差异，最终提升村落的内生发展能力。相较而言，集体化经营扶贫更切合国家的精准扶贫战略。但是集体化经营扶贫取向在现实中却不得不面临既有政策空间的限制。

（一）集体化经营扶贫与现有政策存在一定的冲突

举例来说，现有的粮食直补政策的设计流程是各乡（镇）财政所在各信用社开设粮食直补专户，由财政局将直补资金直接拨付各乡（镇）粮补专户，种粮农户凭本人身份证、《粮食补贴通知书》到财政所领取种粮直补资金。由此，基层干部没有任何权力去干预扶贫资金的流向。这部分辅助资金分到每个人头就已经很少了，老百姓最终会将这笔资金用于消费而非作为发展资金。乡镇干部或者村干部如果想把这部分资金留作集体经营经费既是违法的，也要承担很高的政治风险。即使是政府专项扶贫资金，基层干部也会因为怕惹事心理而将资金化整为零，分散到每个户头。

（二）绩效考核制度的短期化预期与扶贫实践的长期性之间矛盾

中国共产党从新中国成立以来就开展扶贫工作，取得了非常瞩目的成就。然而从另一个方面也说明扶贫工作中容易脱贫的已经实现了脱贫，剩下的只能是难啃的"骨头"。这其中要克服贫困地区恶劣的自然环境条件、群众的"等""靠""要"思维、干部发展能力不足、经济发展基础设施不完善、地区发展空间不足等诸多问题，扶贫工程充满了长期性与复杂性。但是现有的绩效考核制度要求基层干部每年必须实现多少人口脱贫，贫困人口收入增长多少，并将其作为基层干部工作的"硬指标"实行一片否决。这种绩效考核情况下，除了有能力的村庄能够发展起来之外，其他的村庄只会有两种结果：一是基层干部自己掏钱捐赠贫困人口完成指标；二是基层干部上下级合谋造假，这将难以实现真正脱贫或脱贫缺乏可持续性。

参考文献

［1］Montalvo&Ravallion. The pattern of growth and poverty reduction in China Original Research. Journal of Comparative Economics，2010，38（1）．pp. 2–16.

［2］张伟宾，汪三贵．扶贫政策、收入分配与中国农村减贫［J］．农业经济问题，2013（2）．

［3］柏振忠，李长雨．扶贫开发新阶段政府扶贫资金使用的绩效评价

研究——以湖南桑植县实证为例 [J]. 民族论坛, 2013 (5).

[4] 张全红. 中国农村扶贫资金投入与贫困减少的经验分析 [J]. 经济评论, 2010 (2).

[5] 赖玥, 成天柱. 财政扶贫的效率损失——基于财政激励视角的县级面板数据分析 [J]. 经济问题, 2014 (5).

[6] 任超, 袁明宝. 分类治理: 精准扶贫政策的实践困境与重点方向 [J]. 北京社会科学, 2017 (1).

[7] 王文龙. 中国包村运动的异化与扶贫体制转型 [J]. 江西财经大学学报, 2015 (2).

[8] 李博. 项目制扶贫的运作逻辑与地方性实践——以精准扶贫视角看 A 县竞争性扶贫项目 [J]. 北京社会科学, 2016 (3).

[9] 朱天义, 高莉娟. 选择性治理: 精准扶贫中乡镇政权行动逻辑的组织分析 [J]. 西南民族大学学报 (人文社会科学版), 2017 (1).

[10] 许汉泽, 李小云. "精准扶贫" 的地方实践困境及乡土逻辑——以云南玉村实地调查为讨论中心 [J]. 河北学刊, 2016 (11).

[11] 刘升. 精英俘获与扶贫资源资本化研究——基于河北南村的个案研究 [J]. 南京农业大学学报 (社会科学版), 2015 (5).

[12] 马克思恩格斯文集 (第 1 卷) [M]. 北京: 人民出版社, 2009: 287.

[13] 马克思恩格斯全集 (第 19 卷) [M]. 北京: 人民出版社, 1963: 315.

[14] 唐贤兴. 政策工具的选择与政府的社会动员能力——对 "运动式治理" 的一个解释 [J]. 学习与探索, 2009 (3).

[15] 唐贤兴. 中国治理困境下政策工具的选择——对 "运动式执法" 的一种解释 [J]. 探索与争鸣, 2009 (2).

[16] 周凯. 社会动员与国家治理: 基于国家能力的视角 [J]. 湖北社会科学, 2016 (2).

[17] 储建国, 包涵川. 自由裁量权的嵌套结构与腐败窝案的生成逻辑 [J]. 甘肃行政学院学报, 2016 (5).

［18］朱天义，高莉娟．精准扶贫中乡村治理精英对国家与社会的衔接研究——江西省 XS 县的实践分析［J］．社会主义研究，2016（5）．

［19］吕方，梅琳．"精准扶贫"不是什么？——农村转型视域下的中国农村贫困治理［J］．新视野，2015（1）．

［20］习近平论扶贫工作——十八大以来重要论述摘编［J］．党建，2015（12）．

［21］习近平．更好推进精准扶贫精准脱贫　确保如期实现脱贫攻坚目标［OL］．新华网，http：//news. xinhuanet. com/politics/2017 – 02/22/c＿1120512040. htm.

［22］习近平在中共中央政治局第三十九次集体学习时强调　更好推进精准扶贫精准脱贫　确保如期实现脱贫攻坚目标［OL］．新华网，http：//news. xinhuanet. com/politics/2017 – 02/22/c＿ 1120512040. htm.

［23］吴理财．论个体化乡村社会的公共性建设［J］．探索与争鸣，2014（1）．

［24］朱天义，高莉娟．精准扶贫中乡村治理精英对国家与社会的衔接研究——江西省 XS 县的实践分析［J］．社会主义研究，2016（5）．

农村公共服务运行维护机制完善研究
——以广西百色市为例

◎刘有为

中南财经政法大学公共管理学院，湖北武汉，430000

摘　要：随着社会主义新农村的建设发展，城乡差距的进一步缩小，农村公共服务水平正逐渐提高。但目前存在重视农村公共服务供给，而忽略了农村公共服务的后期运行维护的问题，造成农村公共服务有建无管的现象较突出。因此，提升农村公共服务运行维护水平，构建农村公共服务运行维护机制是现在新农村建设中的不可或缺的一环。本文从广西百色市试点地区的维护现状出发，研究其实际做法和相关成效，从维护主体、维护资金、维护标准和市场竞争等角度出发，探讨其在运行维护过程中存在的相关问题及原因，并提出解决对策，从而完善农村公共服务运行维护机制。

关键词：农村　公共服务　维护机制

一、问题引入

（一）研究背景

农村、农业、农民的问题，一直都是我国经济社会发展和管理工作的重中之重，也是各国以及社会高度关注的重要方向。其中，农村公共服务的水平高低关系到农民生产生活,关系到农村经济发展,关系到社会稳定。可见,农村公共服务又是解决"三农"问题的必然要求和逻辑起点。我国也一直把提高农村公共服务水平作为加强农村综合治理,实现国家治理体系现代化,推进城乡基本公共服务均等化的重要部署工作。

实现农村物质生活水平快速发展,是党中央在构建社会主义和谐社会全局规划中的重要战略目标。自全国开展新农村建设以来,农村公共服务的各类基础设施普遍建立,农村生产性公共服务基础设施如村内道路、桥梁和田间小型水利设施等;农民生活性公共服务基础设施如村内垃圾箱、中小型污水处理厂和绿化亮化带等;还有农民娱乐性公共服务基础设施如体育健身器材、村级文化广场和农家书屋等先后建立,这些设施的运行维护,直接关系到公共服务的供给。现实是一些农村的公共服务设施有建无管,损毁严重,农村公共服务运行维护问题因此被提上重要日程。

(二)研究意义

农村公共服务的运行维护是一个内容复杂、系统庞大的系统工程,也是牵涉民生福祉的安居工程,更是实现农村治理体系现代化的关键内容和基础工程。农村公共服务运行维护范围不但广,而且维护对象的数量大,层次多而复杂。因此,完善农村公共服务运行维护机制其理论意义和现实意义具存。

研究农村公共服务运行维护机制具有不可忽视的理论意义。第一,丰富农村公共服务运行维护机制研究的理论体系。我国农村公共服务运行维护的学术研究主要包括维护现状、维护主体以及维护方式等,尚未形成完整的运行维护机制。通过在农村公共服务运行维护中构建项目选择机制、资金保障机制和管理维护机制等常态化机制,对于完善农村公共服务运行维护机制研究具有重大的理论意义。第二,为农村公共服务运行维护提供理论参考。通过分析试点地区农村公共服务的实际运行维护状况,以及对农村公共服务运行维护的实地调研,为农村公共服务运行维护机制的完善提出相关理论经验。第三,为政府部门制定相关公共政策提供借鉴。通过建立完整的农村公共服务运行维护机制的理论体系,为政府部门制定出台相关农村公共服务运行维护政策提供理论借鉴，保障农村公共服务运行维护政策的合理性与科学性。

完善农村公共服务运行维护机制同时也具有十分重要的现实意义。第一，是社会主义新农村建设的要求。加强农村生产性基础设施、环境卫生设施和生活娱乐场所的运行维护，是满足农业生产要求、农村经济发展要求和农民生活水平提高的要求，对农村精神文明建设和环境友好型新农村建设有着重要的实际意义。第二，提升农村公共服务运行维护水平，可以快速拉动农村地区经济增长，改善农民生产生活环境和投资环境，缩小城乡间差距。加大对农村公共服务运行维护的财政投入，不仅可以有效地刺激当地投资需求，拉动农村 GDP 快速增长，而且还能有效地带动建材和建筑业等相关产业的发展，成为农村经济发展的重要支柱。第三，提升农村公共服务运行维护水平可以推动农业生产专业化、规模化和市场化的发展。有效管理维护农村基础设施，将会大大促进农村产业的社会化、产业化和市场化发展，也将有利于产业规模的积聚和结构的优化，从而促进农村经济的发展，加快城乡一体化步伐，最终实现农业和农村的现代化。[1]

（三）研究现状综述

目前，学界对农村公共服务的研究主要集中于农村公共服务的供给研究，虽然对农村公共服务运行维护机制的研究框架已经日趋成熟，却尚未形成一套具有可推广、可复制性质的研究理论体系，还仍然处于学术研究的初级阶段。

关于农村公共服务运行维护机制的研究主要集中于以下三个方面。一是建立高效的农村公共服务财政资金保障机制。农村公共服务运行维护长效机制的核心是建立省财政对县（市、区）的基本公共服务运行维护资金的分配机制。根据机制建立的实际效果来分配财政资金，以科学的资金分配办法保障维护资金落实到位，促进长效运行维护机制的建立（高子达，2016）。[2] 既要建立财权与事权相对称的财政体制，加大对农村公共服务运行维护的财政支持，同时也要鼓励公私合作，引导社会资本、市场资本参与农村公共服务的运行维护（张菊梅，2013）[3]。二是构建全方位的农村公共服务运行维护的监督机制。引入审计监督，建立事前、事中与事后监督体系；积极引入第三方监管，对农村公共服务运行维护质量进行客观性评估；同时，鼓励社会群体与公众对维护主体行为进行有效监督（曾伟，2014）。[4]三是全方位推进农村公共服务运行维护机制的改革与发展。从两方面入手完善农村公共服务运行维护机制，一方面要深化行政管理体制改革，接纳农民参与到农村公共服务的决策和评估中；另一方面要明确职责，加快基层政府改革，优化农村公共服务运行维护效果（王胜子，2014）。[5]推动农村公共服务运行维护决策机制由现行的"自上而下"模式向"自下而上"模式转变，建立能够充分有效反映农村居民真实需求的偏好表达机制；通过信息公开、民主监督等制度的建立，优化公共服务执行和评估机制（张立荣，2012）。[6]

在理论指导下的地方实践也已陆续开展，广西壮族自治区、河北省与南京市均做出了尝试。广西壮族自治区依法制度先行，明确试点工作的主要内容、补助标准以及资金使用管理等要求。河北省建立了可进可出的动态考核机制，加强与企业合作，探索了农村公共服务运行维护的市场化运作机制。南京市通过建章立制，建立民主议事制度、健全运行维护责任制度以及完善考核奖惩制度等来提升农村公共服务运行维护效果。

总而言之，学者们对农村公共服务运行维护机制的构建过程中的许多问题都有了较为全面的理论探讨，但是，之前学者们对农村公共服务运行维护现状的研究还不够，一方面对部分试点县乡的机制完善还没有深入研究；另一方面还没有对试点县乡的经验进行进一步的总结，以形成普适性的经验，从而做到推广和普及。因此，本文从广西百色市试点地区的实际调研出发，分析广西百色市在构建农村公共服务运行维护机制的过程中的成效和问题，提出相关具体的对策措施，并形成可供其他地区借鉴和参考的理论经验。

二、广西百色市农村公共服务运行维护机制建设的现状分析

（一）现行做法

1. 相关政策文件依据

根据《国务院农村综合改革工作小组关于开展农村综合改革示范试点

工作的通知》和《国务院农村综合改革工作小组关于 2013 年扩大农村综合改革示范试点的通知》精神。2014 年，广西先后出台了《关于开展农村公共服务运行维护机制建设示范试点工作的通知》《关于我区农村公共服务运行维护机制建设示范试点工作的批复》《关于我区第二批农村公共服务运行维护机制建设示范试点实施方案的批复》等政策文件，确定南宁市宾阳县、百色市田东县、凌云县和贺州市八步区等 6 县（市、区）为首批农村公共服务运行维护机制建设示范试点县（市、区），三江、龙圩等 6 县（区）为第二批示范试点县（市、区）。2015 年，广西又出台了《关于做好 2015 年农村公共服务运行维护机制建设试点工作的通知》，在 2014 年 12 个试点县基础上新增灌阳、兴业县为试点县。2016 年，广西再次先后发布了《关于做好 2017 年农村公共服务运行维护机制建设试点工作的通知》《关于提前下达 2017 年农村公共服务运行维护机制建设试点资金的通知》，进一步扩大了示范试点县范围，安排资金总额达 8000 万元，有力支持了农村公共服务运行维护机制建设工作开展。

2. 政策对象覆盖范围

按照相关政策文件规定：农村公共服务的运行和维护，包括村内交通和水利基础设施、绿化净化美化等农民居住环境设施、村级综合服务场所和村内农民生活娱乐场所等公共服务和基础设施的运行和维护。资金支持重点为当前公共财政尚未覆盖的村内户外公共服务设施运行维护项目，着力解决村内最急需、受益最直接的突出问题。具体包括村内道路、桥梁和田间小型水利设施等农村基础设施的运行和维护；村内垃圾收集、污水处理、绿化亮化等农民居住环境卫生等设施的运行和维护；卫生室、幼儿园、生活生产资料超市、党员活动室、信访治安等村级综合服务中心场所设施的运行和维护；村内农民生活娱乐活动场所设施的运行和维护等。[7]农村公共服务运行维护资金的支出方向基本在上述范围内，但也存在"新建"与"维护"概念界定模糊或执行偏离直接用于其他方向等问题。

3. 维护资金保障机制

根据相关政策文件规定，农村公共服务运行维护机制建设示范点按 5 万元/年/村的标准进行补助。其中，自治区财政承担 4 万元，试点县财政承担 1 万元。试点县可根据公共服务运行维护需要、村集体收入和工作绩效等情况确定各村具体的实施项目和补助金额，但最高不能超过 8 万元/年/村的标准。鼓励有条件的试点县调整支出结构，加大投入力度，提高补助标准。示范试点县凌云县每年严格按照相关政策文件要求，对每个试点村按 5 万元/年/村的标准进行补助，县本级财政则提供 1 万元的资金配套，共计 400 万元全部到位，项目资金支付率达 100%。

田东县 2014 年做法是将自治区财政厅下达的 320 万元的维护资金平均分配到全县 161 个行政村，每村接近 2 万元，本级未配套资金；2015 年做法是将自治区财政厅下达的 140 万元维护资金分配给 35 个贫困村，每村 4 万元，本级仍未配套资金；2016 年做法是将自治区财政厅下达的 120 万元、本级配套的 30 万元共 150 万元维护资金，通过项目主体自愿申报，经过县扶贫攻坚指挥部组织专家评审，从 43 个申报贫困村中确定 30 个贫困村作为资金安排对象。作为 2017 年示范试点县的田阳县对示范试点村每村投入财政资金 5 万元，其中，自治区财政投入 4 万元、县级财力配套 1 万元，非试点村则由县级财力每村投入 1 万元。在此之前，所有行政村均由县级财力安排资金 1 万元用于农村公共服务运行维护。

4. 维护管理机制

农村公共服务运行维护机制建设应由政府主导，同时充分调动村两委、农民群众和社会各界的参与积极性，共同推进农村公共服务运行维护机制建设。[8]示范试点工作由综合改革部门牵头负责总体方案的制订，组织项目实施、绩效评价和监督管理等工作；财政部门负责补助资金筹措、分配、监督工作；农民负责监督管理部门审批农民筹资筹劳方案，监督减轻农民负担政策的贯彻执行；相关部门对项目规划及其实施提供技术指导，并参与项目监督管理。项目决策严格执行村民民主议事制度，充分体现村民知情权、参与权、决策权与监督权，做到公开透明操作、严格规范管理。县级层面结合上级政策文件精神，均出台了相关规章管理制度，但到了乡镇、村两委层级，存在宣传不到位、执行不彻底现象，导致运行维护管理机制缺位或虚设，未能发挥实际作用。

（二）维护效果

第一，促进了基本公共服务均等化，体现了运行维护成果村民群众共享。通过对农村破损道路、灌溉沟渠、自来水管、污染垃圾处理等具体项目的实际维护，较好地保障了农村基础设施、村级综合服务中心、村民文化娱乐场所等公共服务设施的高效运转，提升了村民生产生活质量，村容村貌也得到"亮化、美化、绿化"。通过农村公共服务运行维护机制建设，一些示范试点村较好地体现了"生产发展、生活富裕、乡风文明、村容整洁、管理民主"的社会主义新农村特点，充分说明通过构建农村公共服务运行维护机制不断缩小了城乡基本公共服务供给差距，方便了村民群众的日常生产生活，体现了运行维护成果由村民群众共享。

第二，节约了财政资金，提升了公共财政支出绩效水平。农村公共服务运行维护尽管需要投入一定的财政资金，但是，通过对公共服务设施的及时处理和日常维护，延长了其折旧年限，加长了使用运转周期。基于财政支出绩效角度，不仅避免了农村公共服务设施在短周期内二次新建或购买所形成的财政资金投入，很大程度上也节约了财政资金成本，还及时保证了农村公共服务相关功能的正常发挥，从而大大提升了财政支出绩效水平。[9]而从实际情况来看，一些受到损坏的农村公共服务设施正是由于得不到及时的维护处理，不得不重建或重新购买，而得到及时的维护处理则可以继续发挥长效功能，从而节约了财政资金、实现了财政支出绩效最大化。

第三，将绩效评价纳入试点工作，初步建立起民主监督的农村公共服务运行维护管理机制。在试点村建立组织监督、社会监督、监督专员监督和群众监督相结合的多元化监督体系，对维护项目的实际情况和财政资金支出效益等进行客观公正的评价。通过制定绩效评估、检查和淘汰制度，对试点村不能按目标完成项目维护的，实行退出制度，真正形成有目标、有监督、有考核的农村公共服务运行维护管理机制。

三、问题及原因分析

（一）维护主体责任不明晰

农村公共服务运行维护机制建设涉及维护人员、维护资金和维护项目，明晰责任主体既关系到项目选择方向，也关系到项目维护质量，还涉及资金使用安全。[10]从实地调研来看，尽管相关政策文件确定了指导管理意见，但在实际执行过程中，一些地方相关责任主体并不十分清晰，其结果要么是因为责任主体缺位导致出现管理"真空"，要么是因为责任主体错位导致管理效果不明显。

其原因主要有：一是相关责任主体对该项工作重视程度不够。乡镇、村两委未进一步出台关于农村公共服务运行维护机制建设的管理细则，导致乡镇、村两委、村民的各自职责未得到细化明确。二是相关责任主体未充分发挥各自比较优势。从宏观政策出台上讲，综合改革部门具有组织领导优势；从资金安排使用上讲，财政部门具有监督控制优势；从项目选择把关上讲，乡镇政府具有管理优势；从项目组织实施上讲，村两委具有协调优势；从项目质量保障上讲，村民具有社会监督优势。在实际操作中，责任主体的"缺位"或"错位"制约了政策实施效果。

（二）维护资金渠道来源较单一

农村公共服务运行维护机制建设需要稳定的资金投入作为实施的保障，从实地调研来看，维护资金渠道较单一不仅制约了该项政策对农村的覆盖范围，还影响了该项工作实施的可持续性。示范试点县能够获得自治区财政一定的资金支持，可以减轻本级财政在农村公共服务运行维护上的财政负担，而非示范试点县同样需要开展此项工作。但是，公共财政资金是有限的，农村公共服务的受益范围也是有边界的。无论是示范试点县，还是非示范试点县，由于行政村点多面广，而且该项工作的开展是长期性项目工程，一味依赖财政资金尤其是上级转移支付来源渠道，大大制约了农村公共服务运行维护水平的提升。

维护资金渠道来源较单一，其原因主要有：一是地方政府过度依赖上级转移支付，未能实现本级配套或动员社会力量提供一定的资金支持，这既有地方政府本级财力有限的因素，还受地方政府对该项工作重视程度的影响。二是大部分行政村村级集体经济薄弱，甚至处于"零基础"状态，缺乏自我经济基础使得村民委员会难以发挥自我管理、自我服务的村民自治功能。三是长期以来各级政府惠农政策的实施，导致村民权利意识不断强化，义务意识却不断弱化，村级公共服务"坐享其成"现象严重，对其运行维护不愿出钱、出力。

（三）运行维护主体缺乏充分的市场竞争

农村公共服务运行维护机制建设需要市场主体公平参与竞争，从实地调研来看，一些地方在政策落实上并未遵循规章制度，导致缺乏决策透明、公开竞争机制。一般由村两委甚至乡镇政府直接派人来组织实施，群众对该项工作并不知晓，这实际上形成了村两委或乡镇政府自我选择、自我实施、自我监督的局面，不仅使得该项工作缺乏政策透明度、群众参与度，还难以保证农村公共服务运行维护项目的实施质量。

之所以出现这种原因：一是政策宣传不彻底。乡镇政府未向村两委干部、村两委干部未向群众深入宣传该项政策内容，使得政策知晓度低，群众的知情权、参与权、决策权以及监督权等相关权利成为制度摆设。二是逐利动机规避公开竞争机制。农村公共服务运行维护尽管资金额度不大，但是由于项目规模小，仍存在一定利润空间。在逐利动机驱使下，一些乡镇、村两委干部无视规章管理制度，违规违纪规避公平、公开竞争机制，直接干预项目实施达到个人利益目的。

（四）尚未建立切实可行的维护衡量标准

从农村公共服务运行维护机制覆盖范围来看，既涉及交通、水利、环保、科技、卫生、文化等行业领域，又涵括基础设施维护、人员力量配备等硬件或软件投入。尽管政策文件确定示范试点工作由综合改革部门牵头，并负责开展维护项目的绩效评价工作，但是从实地调研来看，运行维护质量效果衡量标准普遍缺失，这就使得相关责任主体缺乏科学、规范的绩效监督参考依据。

其原因主要有：一是从思想认识上看，普遍存在"重新建或维护、轻评价"现象，由于农村公共服务运行维护项目规模小、内容杂，再受到相关部门日常工作任务量、工作责任感等综合因素影响，评价工作未得到高度重视。二是从工作机制上看，交通、水利、环保、文化、农业等职能部门未能有效参与到农村公共服务运行维护机制建设中来，导致其业务优势发挥受到限制，也使行业服务标准未及时出台并不断被细化完善。三是从客观因素来看，农村地区既有平原、半山区、全山区差异，也有平地、半山、高山不同地理环境，还有贫穷村、富裕村、发达村经济发展水平差距，具体情况千差万别，在服务标准制定上的确存在一定难度。

四、完善农村公共服务运行维护机制的对策建议

（一）明确运行维护责任主体，做到权责分明

自治区、市级财政及相关涉农部门负责制定出台农村公共服务运行维护宏观指导政策；县综合改革管理办公室负责制订工作方案，组织项目实施、绩效评价监督管理、补助资金筹措以及项目审批备案等工作；乡镇政府统筹负责辖区项目实施，其中乡镇政府对该项工作负总责；乡镇财政所负责政策把关、资金监督、项目报账管理和资金支付、资料收集及业务指导。

村级组织是项目实施主体，负责政策宣传、组织群众民主议事、项目方案拟订和项目实施，村两委则组织群众成立民主理财小组、质量监督小组等工作机构，确保群众能够全程参与项目确定、实施和管理。同时，建立健全《农村公共服务运行维护督查考核办法》《农村公共服务运行维护人员管理办法》等管理维护制度，明确管理维护人员的具体责任，以便日常监管。

（二）构建资金稳定投入机制，实现资金来源多元化

农村公共服务运行维护机制需要资金作保障，农村公共服务具有公共产品的典型特征，政府应承担主体供给责任。但是，基于受益范围大小，应建立财政分级共担投入机制，因为从战略高度角度上讲，农村公共服务

关系到社会主义新农村建设和城乡基本公共服务均等化等战略发展全局，从直接性角度上看，农村公共服务又关系到地方经济社会发展质量、民众对地方政府的满意度，地方政府责无旁贷。

因此，要建立中央、自治区、市、县（区）、乡镇财政分级共担财政投入机制。基于部分农村公共服务项目具有消费排他性，又要建立以政府投入为主体、村民及社会力量参与补充的多元资金投入机制，可按照公益性服务政府承担、福利性服务适度补贴、经营性服务推向市场思路，筹集运行维护项目资金。例如，农村自来水运行维护项目，其受益对象明确，在技术上可实现排他性，政府承担资金供给主体，作为市场消费者身份的村民也应承担一定的费用。同时，村两委组织应积极争取社会力量，包括个人、企业、公益机构等渠道筹集运行维护资金。但是，社会资金不具有可持续稳定性。发展壮大村级集体经济，不断增强村级集体经济的"造血"功能，以此完善村级组织保障农村公共服务运行维护机制则是新时期的重点发展方向。[11]

（三）坚持公平竞争原则，确保项目实施全程透明公开化

农村公共服务运行维护项目虽然规模不大，但其实施同样需要体现公平竞争原则，要避免乡镇政府、村两委及相关管理部门直接安排利益关系人组织实施的不公平竞争、不透明公开行为现象。要做到事前决策、事中监督、事后评议三个环节群众说了算，确保村民知情权、参与权、决策权和监督权的落实。同时，在技能允许范围内，鼓励依托农村公共服务运行维护项目开发公益性岗位，向农村老、弱、病、残等需要帮助的对象适当倾斜帮其解决就业问题，实现社会效益的最大化，而这并不违背公平竞争原则。

（四）制定农村公共服务质量标准，实现有标可循

农村公共服务运行维护尽管项目不大、资金规模偏小，但是要通过高标准、高质量体现出"小改革、大机制，小资金、大舞台"的政策目标。针对主客观因素导致当前农村公共服务运行维护质量效果衡量标准普遍缺失现状，结合因地制宜原则，应由县级主管部门尽快制定出台实施标准、质量标准、财力匹配标准、人员配备标准等指标体系，确保有标可循。为

使标准科学合理，且具有可操作性，在标准制定过程中，既要以国家标准为基础，也要广泛征求交通、水利、环保、文化、体育、广电等行业部门乃至社会专业机构意见。一旦标准体系确定，经法律认定或社会公众认定的权威机构审核确认后，必须严格执行。

参考文献

［1］许静波．我国农业基础设施建设的现状问题及对策［J］．东北农业大学学报，2011（2）．

［2］高子达．河北省农村公共服务运行维护机制研究［J］．经济研究参考，2016（17）．

［3］张菊梅．乡镇政府在农村公共服务供给中的困境与出路［J］．社会科学家，2013（7）．

［4］曾伟．构建新型农村公共服务体系运行机制研究［J］．财政研究，2014（10）．

［5］王胜子，韩俊江，白明艳．农村公共服务：问题及对策［J］．税务与经济，2014（3）．

［6］张立荣，李名峰．满意度和需求度二维耦合视角下的农村公共服务现状研究 ——以湖北省为例［J］．中国行政管理，2012（2）．

［7］詹慧龙，刘虹，唐冲．我国农业基础设施建设及服务需求研究［J］．农村经济，2015（12）．

［8］胡洪曙．中国农村公共产品供给的制度分析与改革路径研究［M］．北京：中国财政经济出版社，2006．

［9］蒋海龙，曾伟．社会资本理论视角下的新农村建设［J］．理论月刊，2010（1）．

［10］侯军岐，贠晓哲．项目管理理论与农业项目管理［M］．北京：经济科学出版社，2007．

［11］陶叡．集中连片特殊困难地区农村公共服务供给优先序分析：基于农户需求的视角［J］．辽宁行政学院学报，2015（2）．

公共政策制定过程中政府间的
冲突与调和

——基于国家食品安全城市评估指标出台过程的考察

◎刘　芬

中南财经政法大学公共管理学院，武汉，430000

　　摘　要：食品安全关系国计民生，是关系到千家万户利益的重大问题。为分析公共政策制定过程中政府间关系，采取案例分析方法，分析国家食品安全城市评估指标出台过程中中央政府与地方政府间、地方政府间的冲突、协商与讨价还价等现象。各省市出台的国家食品安全标准可以作为各地方政府食品安全建设指标的直观反映和诉求，政府间的冲突与利益博弈影响国家食品安全城市评估指标的设立及结果。本文探析公共政策制定中府际间冲突与调和，提出对于冲突缓和应对措施，对研究公共政策共识达成、沟通机制等方面有一定价值。

　　关键词：公共政策制定　政府间关系　指标出台　冲突调和

　　一项公共政策会引发不同利益主体间的博弈，给政策制定和执行带来一定影响，但也会出现"上有政策，下有对策""政策不出中南海"等现象，政策执行中出现偏差，引发社会问题或社会冲突。研究政策执行固然重要，但是研究"政策是怎样出台的"这一问题同样无法忽视。科技的快速发展、民主以及主体意识的增强、权利的碎片化和公共生活中的价值与观念冲突越来越多，这都对政策过程中共识的达成与冲突的调和提出现实的要求。政策僵局、执行阻滞、政策被迫中止以及政策过程中越来越高的社会成本让我们思考：为什么冲突或分歧的偏好没有在公共政策制定过程中得以调和？政策制定过程中政府间是如何调和矛盾的？"面包是民生，面包更是政治"。食品安全是关乎社会和谐、国家稳定的政治问题。从决策过程的府际关系出发，本文以国家食品安全城市评估指标出台为例，探讨政策制定中政府间的冲突与调和，特别是聚焦于中央政府与地方政府间的关系。这有助于进一步了解我国公共政策的制定，同时能为我国"十三五"期间的食品安全政策制定提供一定借鉴。

公共政策制定过程实际是对社会利益进行权威性分配的过程，是公共政策过程的必要环节和研究的重点范畴。在中国背景下，可将政策制定过程分为两大视角：第一是基于决策主体和影响政策制定主体，分析政策参与者在政策制定过程中发挥的作用，例如，精英阶层、专家、传媒、公众等，突出政策并非仅仅由官僚体系制定，社会化层面的协商博弈网络也会影响公共政策的制定，将政府作为一个整体性的决策主体；第二是注重研究不同层级间政府在政策制定中的互动，分析不同层级政府发挥的作用，关注政府间的互动以及政府间内部不同部门间的互动。当前关于公共政策制定的研究中，第一种视角的运用取得的研究成果较多，但忽视政府层级间的互动和冲突调和。中国是一个单一制国家，实行"下级服从上级"，地方政府要服从中央政府的政策法规，此外有必要赋予地方政府一定的自主权，从而地方政府作为一种重要因素，在一定程度上影响公共政策的制定，这也就形成了中国公共政策制定过程的特色实际。在既有文献中，大量文献强调政府间的利益差异以及地方对中央政策的变通，进而将政府间的关系展现为一种博弈模式。各级政府并非利益完全一致的整体，中央和地方政府有不同的利益诉求，从而在政策制定中，他们有着不同的行为选择，发挥着不同的作用，其中较为常见的模式是地方政策创新推动中央政策创新。

政府间互动的研究视角结合中国政府层级实际，有助于更好地理解公共政策制定过程，分析在这个过程中中央政府与地方政府如何相互影响、调解冲突。本文将以国家食品安全城市创建评估指标的出台过程为例，探析公共政策制定过程中政府间的冲突与调和。食品安全关系国计民生，与人民群众的健康和生命安全密切相关，影响着社会稳定和谐。在当前经济全球化、城镇化发展的浪潮推动下，人们生活水平逐渐提高，食品安全已经成为政府、媒体和公众关注的热点。食品安全城市的创建是 2014 年提出的，围绕创建国家食品安全城市政策的分析有许多文献，从研究思路看，既有对政策实施内容进行实证研究，也有对政策路径选择展开思考和探析。总体上尽管这些研究各有特色和亮点，但大多分析政策的执行。作为一个完整的政策周期和体系，还有必要从公共管理和政策过程视角分析"国家食品安全城市评估指标是如何出台"等问题，而在这方面问题上以往研究相对较少。本文将围绕国家食品安全城市评估指标出台过程开展分析，观察其出台过程，并重点关注于政策制定过程中的中央和地方关系互动。

一、文献综述

对于公共政策制定的研究和政府间关系的研究一直是国内外研究的热点。关于公共政策制定的内涵，不少学者提出自己的见解。H. D. Lasswell 提出的功能过程理论将公共政策看做一种政治行动，他探析政策过程，将公共政策制定阶段分为情报阶段、建议阶段和指示阶段 3 个阶段；安德森（2009）将公共政策制定理解为政策形成或政策规划，经过问题构建、目标确定、方案选择及合法化的过程。在关于政府间关系研究上，主要集中于政府竞争关系或者合作关系，政府间关系既包括中央与地方政府间关系，也包括地方政府间关系，有合作与冲突、监督与变通、压制与博弈、竞争等关系状态。从关系研究视角上看，主要有宪政体制视角、利益博弈视角、政策博弈视角等。宪政体制视角下，表现政府层级关系和权力设置，侧重将政府间关系分为纵向与横向的政府间关系。例如，张紧跟（2006）运用西方国家以及我国深圳、顺德等地的实践案例着手分析纵向政府间体制改革，得出对纵向政府间实际运作中逻辑的转化和调整。而也有不少学者基于利益选择或博弈侧重分析政府间动态的互动关系，政府利益成为影响政府间关系或行为的重要因素。冯兴元（2010）指出"政府间竞争"是"政府之间围绕有形或无形资源的竞争，包括直接和间接竞争、横向竞争和纵向竞争"。另外杨宏山（2005）主张在府际政策网络中，基于政策互动和相互依赖信任，各级政府进行政策调适与合作，寻求支持从而实现自身目标。通过政策博弈视角分析，各级各类政府寻求在政策网络中发挥自身的作用，表达各自的利益偏好和政策目标。

在公共政策制定的研究上，学者侧重对政策周期进行分析，强调公共政策往往是各种利益冲突与妥协的结果。谢庆奎（1997）将政府决策过程分为问题认定、议程的列入、政策的分析和政策制定；詹姆斯·E·德森（2009）结合大量案例，探析政策要素的作用机制，进而分析公共政策制定中冲突的存在和必要性。不少学者分析中央与地方政府间的冲突博弈和政策决策过程，Heilmann（2008）利用分级制试验模型分析中央与地方关系，得出研究结论：在中央富有远见的控制下，中国通过"分级制试验"将地方经验上升为中央政策。但刘培伟（2010）不赞同"中央具有超强认知能力"的假设，提出中央选择性控制政策试验模型。以下对公共政策制定研究的文献做如下梳理：

西方学者从主体、过程、模型等方面对公共政策制定模式进行深入研究，一方面阐述公共政策制定过程，另一方面还明确公共政策制定的目的在于对利益的分配，提供理论支持。不同学者的观点可将公共政策制定模式具体为寡头政治铁律、精英决策模式、公共选择理论、博弈理论、新制度主义理论等，体现政策制定主体的变化和研究的深化。另外从"政策科学"运动以来国外学者对公共政策引入公民参与的研究成果越来越多，侧重于理论研究，如亨廷顿（1989）提出公民参与的三个层次，即最低层次只限于少数传统贵族和官僚精英；中等层次包括中产阶级也介入政治；在高度参与政体里，上层、中层阶级和广大平民阶层都可分享政治活动。探析美国政治现代化与政治参与扩大的关系，为研究公民参与奠定基础。诺里斯（2004）和托马斯（2005）等学者分析公民参与，为公民如何参与决策提供理论支撑。

相比较而言，我国的公共政策研究起步较晚。薛澜和陈玲（2005）梳理西方学者或机构对我国政策过程的研究，指出20世纪五六十年代后西方学者研究对象呈现精英研究—派系研究—官僚组织决策研究变化趋势，分析在不同时间发挥决定性作用的主体，可能存在偏差，但在某种程度上反映我国政策决策机制的演变。国内对于公共政策制定主要有以下方面的研究：其一，对于参与主体作用及利益表达的研究，分析影响公共政策制定因素，有社会资本、政治文化、公众参与、信息非对称、政策理念等。王绍光（2006）研究中国政策议程设置的模式，指出专家、传媒、利益相关群体和人民大众在政策制定中的影响越来越大，值得一提的是很多学者对公众参与展开研究，分析公众参与的含义、理论基础、特点、主要形式、公众参与机制与途径等内容。例如，何祖洪（2006）认为结合当前时代背景，公众愿意参与公共政策制定，强化了参与政策决策意识。孙元君（2008）基于政治民主化视角主张当代中国公民政治参与呈现出明显的被动性、形式性、非理性、功利性和盲从性等特征。其二，对于公共政策制定过程中存在的问题与对策研究，有学者从参与主体、决策过程等方面分析问题。例如，贾金臻（2008）指出公共决策信息失真和违反程序是公共政策过程中的主要问题，进而损害公共利益，偏离公共性；但是谭颖和颜世磊（2009）认为公民参与主动性不强和公民组织发育不成熟是主要障碍；张小明（2000）基于政策信息来源分析政府公共政策制定中存在的问题，指出在我国的公共政策制定过程中更多强调党和政府在政策问题提出和议程确定中的权威性，进而影响公共政策的制定；而在公共政策制定的对策基本上体现在制度体系完善、公民社会发展、政府引导推动等方面。其三，介绍西方理论或研究成果及研究视角。薛澜和林泽梁（2013）对国内外关于政府决策理论进行梳理，大致分为利益权力视角、理性学习视角和理念视角3种，并分析比较这3种视角的基本观点、决策主体、影响因素、在中国的研究等。其四，除了介绍西方理论、做问题对策研究之外，还有学者进一步深入分析和探析我国特定区域或政策中政府间关系或政府协助。对于公共政策制定中博弈分析，在这方面基于个案（如房地产、医疗政策、教育政策等）的研究相对较多，分析政府间协作和合作、政策博弈的利益均衡。谭羚雁和娄成武（2012）引入政府网络理论，将网络利益分析与网络治理结合，分析保障性住房政策过程中的中央与地方关系，发现影响住房政策过程及结果的重要因素是中央与地方政府间的非合作博弈。总的来说，我国学者对于公共政策制定的研究注重对西方学者成果的介绍与引进，并结合中国的实际进行分析与探索，试图寻找一种贴近中国实际、具有高契合度的政策制定方法，以解决当前中国在公共政策制定中的困境和难题。

简单回顾国内外学者相关研究成果，对当前研究有一定的借鉴意义，但对于公共政策过程中政府间关系的研究还存在一定的研究空间。目前关于公共政策制定的研究为后续研究提供了丰富的理论借鉴，但国外学者提出的公共政策制定模式与理论和我国发展实际仍存在一定差异，缺乏很高的契合度，而国内学者尽管分析公共政策中多偏重于政府间利益博弈或存在问题对策研究，但在政府层级关系基础上政策出台过程的考察上相对少一些，不能单单将政府作为一个利益完全一致的整体，政策制定过程中中央政府与地方政府各自的行为逻辑和机制也是至关重要的。具体到食品安全政策制定领域，当前只有少数的研究对其进行探析。国家食品安全城市评估指标对于考核地方政府食品安全监管工作的重要内容，影响其切身利益，必然对于评估指标存在一定的分歧和各自的考量，如何调节和引导政府间关系由冲突走向共识一致的整个过程是本文主要探讨的内容。

二、案例选择与分析框架

（一）案例选择

作为中央政府的代理人和国家政策的执行者，地方政府理应参与到中央决策过程中，否则中央政策很可能存在"不接地气""难以有效执行的问题"。本文以国家食品安全城市评估指标出台过程为对象，选取河北省、山东省、湖北省、陕西省等地区的考核标准进行对比分析，以案例资料分析为主要研究方法，利用政府政策文件、网络报道、主流媒体等公开资料，探析在其过程中政府间的互动关系，如何走向整合和协调。

（二）分析框架

一般而言，一项国家政策会经过"政策制定—政策执行—政策评估"等环节，公共政策制定过程实际是对社会利益进行权威性分配的过程，是解决政策问题而提出一系列可接受的方案从而形成正式政策的过程。在政策制定过程中由于涉及各自利益，基于自身利益角度会存在职能部门之间的利益矛盾，要协调和理顺各种矛盾的关系，把握全局与局部的分寸，寻求出共识或共同点。分析不同层级的政府在政策制定中的行为机制选择和互动，除了分析在时间维度上发展变化外，还要将其列入政策制定结构框架中，分析各个环节可能存在的冲突与调和。在政策过程阶段论，结合政府间关系分析公共政策制定过程分析框架（见图 1）。大致包含以下环节：

政策议程是"政府官员在任何给定的时间给予某个受关注的主题编目"。政策问题引起决策者的关注和重视，推动政府设置政策议程，政策议程的启动方将对其他层级的政府的行为模式产生影响。政策议程可以由决策者、政策专家、媒体等主体推动。在本文案例中将国家食品安全城市评估指标政策作为一项中央政府建立的涉及构建政府的政策，其政策主导者是中央政府，而地方政府在政策方案的确立中发挥重要作用，并推动中央政府政策的确定。

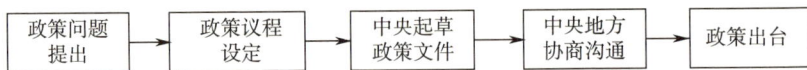

政策问题提出　→　政策议程设定　→　中央起草政策文件　→　中央地方协商沟通　→　政策出台

图 1　公共政策制定过程分析框架

中央政府要解决某项政策问题，就需要提出备选方案。中央政府会根据问题实际作出不同的选择，第一种情况是中央将开展地方试点，进行系统性政策试验，此时中央和地方之间往往有着频繁交流；第二种情况是中央通过召开座谈会、开展调研等方式了解地方需求与意见，从而为起草方案提供素材和信息支持；第三种情况是地方政府注意到中央政府设定政策议程，在缺乏中央指导的情况下先行进行探索，为中央出台全国性方案提供多项选择。对于食品安全城市的创建，中央政府采取分批试点的形式，推动食品安全建设的进程。有关部门起草正式文件，草案形成后，将由各部委、地方政府进行审阅和协商，或者对外公开征求意见。地方政府会评估中央意愿以及政策方案是否会损害本地利益，然后向中央反馈意见；中央会根据地方政府的反响采取不同的策略选择，或者部分吸纳地方政府意见，或者采取劝说、讨价还价等方式推行政策。政策最终会被中央政府通过，然后在全国范围内执行。对于创建的评估指标，采取各试点地区参考《国家食品安全城市创建活动工作方案（草案）》，结合本地实际制定本地区食品安全城市评价标准，通过实地试点了解实际情况和现状，进而为完善《国家食品安全城市创建活动工作方案（草案）》提出相应的意见和建议。

最后，政策出台并不意味着政策制定过程就结束了，因为在政策执行阶段，地方政府可能又会向中央反馈意见。此时地方对中央政策的影响主要有两种方式：一是推动政策进一步完善，实现政策的增量式调整；二是地方政府在政策执行过程中进行制度创新，产生很好的效果，从而使地方的政策实践成为全国性政策，实现政策的颠覆性调整。

三、国家食品安全城市评估指标出台过程

基于府际主体分析国家食品安全城市评估指标出台的过程。考量公共政策制定过程中，中央政府与地方政府间的关系，主要分为以下几点。

（一）国家食品安全城市创建要求的提出

食品安全关系公众的利益和生存发展，常言道"民以食为天"。这一创建工作的提出，有助于改善民生、推进监管机制的健全，一定程度上折射地方政府对食品安全监管的效益和成果，对于提高食品安全整体水平、打造城市形象和层次格调、促进协调可持续发展、社会和谐稳定等方面具有重要的现实意义。

1948 年以来，我国的食品安全监管体制经历了从计划经济时期以主管部门管控为主、卫生部门监督管理为辅的指令型体制，到改革开放后以卫生部门为国家食品卫生监督的执法主体的混合型体制，再到一个环节一个

部门分段监管的体制的转变。《食品卫生法》于 1995 年颁布实行，对于食品安全的各个环节，进行分部门分段监管，特别是进入 21 世纪以来，食品安全的重要性得到了空前显示，政府对其也日益重视（依据相关资料整理表 1：政府关于食品安全内容有关举措）。2009 年 6 月正式实施《食品安全法》，2010 年初国务院食品安全委员会成立。后来又将食品安全城市创建工作又列入《中共中央国务院关于加大改革创新力度加快农业现代化建设的若干意见》（中发〔2015〕1 号）及国务院工作安排中。2016 年 1 月出台的《关于落实发展新理念加快农业现代化实现全面小康目标的若干意见》中食品安全提升为国家战略写入文件，凸显了中央对食品安全的重视。当前食品安全的重要性越发突出，关于创建国家食品安全城市的要求也提上日程。

表 1   **政府关于食品安全内容有关举措**

年份	部门	内　　容
2001	农业部	在农业生产环节启动"无公害行动计划"，推行强制性无公害农产品认证制度
	商务部	农产品批发方面实施"三绿工程"，提倡绿色消费、培育绿色市场、开辟绿色通道
2002	卫生部	针对食品生产加工行业施行追溯、承诺和定点跟踪监测制度
2003	质检总局	启动食品生产加工经营企业的食品质量安全市场准入制度，发布《食品生产加工企业质量安全监督管理办法》
	食品药品监督管理局	实施食品药品放心工程，于 2004 年开展食品安全信用体系建设试点工作
2005	质检总局	组织推进食品原料种植、养殖环节实施 HACCP（危害分析和关键控制点）和 GAP（良好农业生产规范）认证
	卫生部	针对食品生产加工经营企业发布《食品卫生许可证管理办法》
2006	农业部	出台了《农产品产地管理办法》和《农产品包装和标识管理办法》
……	……	……
2014	国务院食品安全办	7 月出台《关于开展食品安全城市创建试点工作的通知》，11 月在福建召开的治理"餐桌污染"现场会上，国务院食品安全办进一步部署了食品安全城市创建工作

（二）创建活动工作方案（草案）的提出

国务院食品安全办于 2014 年 7 月提出《国家食品安全城市创建活动工

作方案（草案）》，将试点省份定为：河北省、湖北省、山东省、陕西省，进行探索性创建试验，并指明具体的创建国家食品安全城市的工作目标，对推进食品安全整体水平、长效机制具有重要作用。各省市政府结合本地实际制定本地区食品安全城市评价标准，通过实地试点了解实际情况和现状，进而为完善《国家食品安全城市创建活动工作方案（草案）》提出相应的意见和建议，为创建工作提供经验分享和价值。

国务院食品安全委员会对创建工作进行整体部署，再由下级食品安全委员会进行规划执行，同时国家食品安全城市的称号也不是永久的，一旦出现食品安全事故或者食品安全治理水平不达标，随时都可能摘掉国家食品安全城市的荣誉称号。《国家食品安全城市创建活动工作方案（草案）》明确指出国家食品安全城市 3 个基本标准，并指明相应的目标要求，为各地方政府提出评价标准提供了总体方向。

（三）地方政府出台本地区考核评价标准

地方先行出台指标办法，中央起草政策文件形成征求意见稿，中央向地方征求意见，进行协商沟通。自 2014 年创建以来，各地掀起争创国家食品安全示范城市的热潮，从 2014 年 7 月第一批的 4 个省份 15 个试点城市，到 2015 年 9 月第二批的 11 个省（市）15 个试点城市，再到 2016 年 5 月第三批的 24 个省（区、市）37 个试点城市，目前试点城市累计达 31 个省（区、市）67 个城市，覆盖了全国所有省会城市、计划单列市及部分基础较好的地级市，覆盖人口 4.3 亿人、国土面积 115 万平方公里，国民生产总值约占全国一半。

在中央政府提出建立国家食品安全城市创建考核的要求之后，确定试点的政府进行了探索性的建设工作，地方政府出台了本地区国家食品安全城市创建考核的政策。河北省、山东省、湖北省及陕西省均将《国家食品安全城市创建活动工作方案（草案）》中的国家食品安全城市基本标准作为本地区的基本标准，涉及食品安全状况良好、食品安全工作落实到位、群众认可及社会满意 3 个大的方面，包括关于食品安全事故和市民满意度要求两个否决项。例如，2014 年 10 月陕西省食品安全委员出台《陕西省食品安全城市评价标准》，从组织管理体系、监督执法、企业责任、应急管理和社会共治 5 个方面细化食品安全城市评价标准，下设 34 个二级指标，二级指标下设三级指标，使食品安全城市有了量化考核指标。陕西省考核测评体系共分基本指标和特色指标两大类。基本指标分组织管理体系完善、监督执法坚决有力、企业主体责任落实、应急管理有序高效、实现社会共建共治 5 个测评项目。特色指标分创建工作宣传、工作创新和荣誉称号三部分内容。通过材料审核、实地考察、第三方评价等方式进行测评，在测评项目中又设指标名称、测评内容、测评标准、测评方法、具体要求和分值等，共细分为 178 个测评标准，总分值为 100 分，组织管理体系完善和监督执法坚决有力指标分别占 20%、30% 的权重。

表 2　　　　　　　　　陕西省国家食品安全城市评价标准

测评项目	基本指标	测评内容
一、组织管理体系完善	（一）政府对食品安全高度重视	规划部署、责任落实、措施落实、食品安全监管体制改革力度大、建立健全食品安全检验检测体系、基层具备食品安全检验检测能力、对食品安全工作考核力度、完善食品安全规章制度、加强政策引导等
	（二）建立健全食品安全监管工作体系	
	（三）加强食品安全监管经费投入	
	（四）强化食品安全监管技术支撑	
	（五）加大食品安全工作评议考核力度	
	（六）加强食品安全地方规章和制度建设	
	（七）落实国家食品产业发展政策	
二、监督执法坚决有力	（一）打击食品安全违法犯罪	把行政执法与刑事司法相结合，过程监管细致、周密、全覆盖，建立食品安全问题隐患报告处置机制，开展专项整治等
	（二）加强过程监管	
	（三）食品安全风险监测和隐患排查	
	（四）加大食品安全检验检测力度	
	（五）建立食品及食品原料产地准出和市场准入有效衔接机制	
	（六）督促生产经营者依法诚信经营	
	（七）加强"四小"管理	
	（八）加强对"地沟油"的监管	
	（九）有效整治私屠滥宰行为	
	（十）全面推行依法行政	

测评项目	基本指标	测评内容
三、企业主体责任落实	（一）加强食品生产经营许可证管理	食品企业主体合法、严格法律法规管理、落实各项制度、加强包装标识管理、完善食品产品质量安全档案等32个方面
	（二）加强食品企业内部管理	
	（三）建立食品安全追溯机制	
	（四）建立食品生产企业召回制度	
	（五）加强企业有关人员培训	
	（六）加强餐饮服务环节量化分级管理	
	（七）行政区域内规模以上食品生产企业普遍推行良好生产规范	
四、应急管理有序高效	（一）加强食品安全事故应急机制建设	应急管理机构设置、队伍建设、食品安全问题处理机制、食品安全信息管理和综合服务平台等22个方面
	（二）加强应急队伍建设	
	（三）有效处置食品安全事故和食品安全事件	
	（四）加强信息化建设	
五、实现社会共建共治	（一）开展多种形式的食品安全科普宣教	宣传活动、食品安全风险交流、食品安全信息公布、食品安全网格化监管方案、投诉有奖举报制度、媒体监督等25个方面
	（二）将食品安全纳入社会课堂教育	
	（三）建立健全食品安全信息发布制度	
	（四）大力推行网格化监管	
	（五）建立健全投诉举报制度机制	
	（六）营造社会共治良好氛围	

河北省唐山市政府将创建标准分为组织管理体系、监管能力建设、监督执法、企业主体责任落实、应急管理、产业发展、社会共建共治和食品安全状况等指标，评价方法大致为材料审核、日常监测、实地检查、第三方评价等。设有加分项、减分项和否决项，将创设标准设为85分以上（含85分）且未有否决项（见表3）。

表3   河北省唐山市创建食品安全城市标准

一级指标	二级指标	权重
组织管理体系（14分）	食品安全工作部署（5分）	14%
	食品安全监管工作体系（9分）	
监管能力建设（11分）	食品安全工作投入保障（3分）	11%
	基础设施和技术支撑体系建设（8分）	

续表

一级指标	二级指标	权重
监督执法（26 分）	日常监管（8 分）	26%
	打击违法犯罪（4 分）	
	重点环节整治（14 分）	
企业主体责任落实（19 分）	食品生产经营者规范化管理（4 分）	19%
	食品生产经营者责任落实和制度建设（9 分）	
	食品生产经营者检验检测能力建设（3 分）	
	食品生产经营者诚信体系建设（3 分）	
应急管理（5 分）	应急管理体系建设（3 分）	5%
	突发事件处置（2 分）	
产业发展（6 分）	促进食品产业集约化规范化发展（3 分）	6%
	食品品牌塑造（3 分）	
社会共建共治（15 分）	食品安全宣传教育（5 分）	15%
	食品安全信息发布（2 分）	
	投诉举报制度及各界监督（3 分）	
	群众满意度（5 分）	
食品安全状况（4 分）	本地销售食品（2 分）	4%
	本地生产食品（2 分）	
加分项	加强食品安全地方规章和制度建设，经验和做法得到省部级以上领导肯定性批示或在全国、全省予以推广	
	发现重大案源为破获区域性大案要案、防范区域性系统性食品安全事故作出贡献	
	积极探索对食品新兴业态的监管模式，为国家出台相关法规或省出台地方性法规提供有益经验和借鉴	
减分项	行政区域内发生较大食品安全事故	
	行政区域内发生查实的重大食品安全舆情事件	
	评价检查中发现食品生产经营"黑窝点"	
	发现核实的吃拿卡要等不文明执法行为	
否决项	申报当年行政区域内发生重特大食品安全事故	
	申报当年隐瞒、谎报、缓报食品安全事故	
	公众对当地食品安全的综合满意度低于 60%	
	弄虚作假，干扰考核评价结果	

山东省济南市政府将考核评价标准细化为32个考评项目、67个考评要点、91个考评细则（见表4），要求考核评价综合得分不得低于85分。

表4　　　　济南市国家食品安全城市创建工作考核评价标准

	考评项目	考评要点	权重
一、组织管理（29分）	（一）组织领导（6分）	统筹规划、综合协调、监管责任	29%
	（二）监管体系（5分）	监管机构、人员培训、装备设施	
	（三）经费保障（4分）	工作经费、检验经费	
	（四）技术支撑（6分）	市级检验机构建设、县级检验机构建设、检测室（站）建设、信息化建设和应用、哨点医院	
	（五）考核评议（2分）	健全考评机制	
	（六）建章立制（2分）	规章制度	
	（七）产业发展（5分）	政策引导、品牌培育、市场升级、业态规范	
二、监督执法（27分）	（八）重典治乱（4分）	案件查处、行刑衔接、协调联动、执法考核	27%
	（九）监督检查（3分）	严格执法、过程监管	
	（十）风险防控（3分）	建立机制、专项整治	
	（十一）抽检监测（3分）	检验检测、问题后处理	
	（十二）食用农产品监管（3分）	准入和准出、打击私屠滥宰	
	（十三）信用建设（2分）	信用信息档案管理	
	（十四）食品"四小"治理（5分）	治理要求、小作坊整治、小摊贩整治、小餐饮整治、小食品店整治	
	（十五）餐厨废弃物管理（1分）	规范处置、地沟油整治	
	（十六）依法行政（2分）	政风行风建设	
三、企业主体责任（18分）	（十七）责任制度（3分）	主体合法、建立健全责任制度	18%
	（十八）过程责任（3分）	行为合规、集中交易管理	
	（十九）追溯机制（2分）	追溯制度建立和落实	
	（二十）应急处置（3分）	建立应急管理机制、问题食品召回	
	（二十一）安全管理（2分）	业务培训、管理机构	
	（二十二）量化分级管理（2分）	量化分级率和公示率	
	（二十三）管理体系（3分）	良好生产规范、食用农产品检验能力	

续表

	考评项目	考评要点	权重
四、应急管理（10分）	（二十四）组织领导（2分）	体制机制建设	10%
	（二十五）应急能力（3分）	应急手册、应急演练、装备物资	
	（二十六）应急处置（2分）	信息报送、事故事件处置	
	（二十七）舆情处置（3分）	舆情信息管理、舆情监测处置	
五、社会共建共治（16分）	（二十八）宣传教育（5分）	科普宣传	16%
	（二十九）信息交流（3分）	信息发布、风险交流	
	（三十）网格化监管（2分）	网格化建设	
	（三十一）投诉举报（1分）	落实投诉举报	
	（三十二）社会监督（5分）	健全监督机制、第三方评价	
加分项	经验做法得到省部级以上领导肯定性批示或在全国、全省总结推广		
	发现重大案源，为破获区域性大案要案、防范区域性系统性风险和事故作出贡献		
	积极探索对新兴业态、问题的监管模式，为国家或省里出台相关法规提供有益借鉴		
减分项	区域内发生较大食品安全事故或重大食品安全舆情事件（监管部门主动曝光的除外）		
	考核检查中发现食品生产经营"黑作坊""黑窝点""黑工厂"		
	发现核实存在吃拿卡要等不文明执法行为		
否决项	食品安全事故防控：在创建过程中发生重大及以上食品安全事故（事件）的		
	群众满意度调查：群众对当地食品安全现状总体满意低于70%的		

结合探索实践，地方政府出台相应的食品安全城市评价标准，从而明确要从哪些方面去建设食品安全工作，要达到哪些要求和目标。基于上述几个地区的标准大体可以看出对组织管理、监督执法、企业主体责任、应急管理、社会共建共治这五个方面的要求，但在细化指标、具体细则、具体权重上存在差异，对于否决项的要求也不完全一致，唐山市对于群众对当地食品安全现状总体满意低于60%予以否决，但其他地区是70%的标准，而且对于产业发展的要求上，唐山市将这一指标列为一级指标，而陕西省、济南市均将这一要求列为组织管理的二级指标。济南市对于组织管理和监督执法的权重大致为29%、27%，但陕西省要求的两者比重分别是20%、30%。而且不同地区对于评估总分值的设置也存在差异，例如武汉市硚口区将评估总分设为一千分，而济南市、唐山市均为一百分。各地方政府的具

体细则也在一定程度上反映自己对中央出台食品安全城市评估指标要点的诉求可能更倾向于哪个方面，有助于本地区在评估中取得较好的成绩。

（四）中央政府食品安全城市评估指标（2017 版）的出台

国家食品安全示范城市创建试点工作于 2014 年 7 月正式启动。2014—2016 年国务院食品安全办分 3 批批复 67 个城市开展创建试点。2016 年 12 月《国家食品安全示范城市评价与管理办法（暂行）》和《国家食品安全示范城市标准（2017 版）》出台（见表 5）。指出以下标准应根据考评周期内情况进行综合评定，综合评定得分不低于总分值的 90%。对否决项应全部达到，未达到的不予通过；对关键项，每项分值占比应不低于总分值的4%；对鼓励项，各地应根据实际情况，将其设定为加分项，加分分值不应高于关键项分值。

表 5　　　　　　　国家食品安全示范城市标准（2017 版）

一、食品安全状况持续良好	（一）近三年未发生重大食品安全事故或影响恶劣的食品安全事件（否决项）
	（二）近三年国家食品安全抽样检验显示本地生产的食品安全状况较好（否决项）
	（三）当地群众食品安全总体满意度达 70%（否决项）
二、"党政同责"落实到位	（四）党委政府高度重视（关键项）
	（五）统一权威监管体制完善（关键项）
	（六）专业执法队伍建设到位（关键项）
	（七）经费保障到位（关键项）
	（八）专业执法装备配备达标
	（九）专业检验能力建设达标
三、食品安全源头治理有效	（十）农产品质量安全得到保障
	（十一）集中交易市场管理规范
	（十二）畜禽屠宰管理规范
	（十三）餐厨废弃物集中收集、资源化利用和无害化处理体系基本建立
	（十四）食品产业集约化、规模化水平较高
四、监督执法检查全面覆盖	（十五）良好行为规范有效实施（关键项）
	（十六）现场检查标准规范（关键项）
	（十七）职业化检查员队伍建设到位（鼓励项）
	（十八）监管责任全覆盖

续表

四、监督执法检查全面覆盖	（十九）本地行业共性隐患问题得到及时解决（关键项）
	（二十）食品生产加工小作坊和食品摊贩管理规范（关键项）
	（二十一）学校校园及周边食品安全监管到位
	（二十二）应急处置及时高效
	（二十三）监管执法信息全面公开（关键项）
	（二十四）执行更严格的食品质量安全标准（鼓励项）
五、违法犯罪行为有效控制	（二十五）后处置工作及时彻底（关键项）
	（二十六）案件协查联动机制健全
	（二十七）行政执法与刑事司法有效衔接
六、企业主体责任落实到位	（二十八）严格执行食品安全标准
	（二十九）严格落实相应良好行为规范
	（三十）落实食品安全追溯责任
	（三十一）从业人员管理制度健全
	（三十二）落实集中交易市场的开办者、柜台出租者和展销会举办者食品安全管理责任
	（三十三）及时依法召回问题食品
七、社会共治格局基本形成	（三十四）食品安全诚信体系健全
	（三十五）试行食品安全责任保险制度（鼓励项）
	（三十六）社会监督渠道畅通
	（三十七）完善追偿机制（鼓励项）
	（三十八）食品安全风险交流及时有效
	（三十九）公众认知水平较高

　　以上指标中，关键项和基本项的分值为 100 分，其中包含 10 个关键项、22 个基本项的总分值、4 个鼓励项。在中央政府食品安全城市评估指标出台前，在征求意见过程中，各省市已经出台的考核方案具有了被中央政府参考、吸纳的渠道，中央政府进而构建指标体系。是否可以认为这些先行先试的地方评估指标直接支撑了中央政策的制定？结论是否定的。从地方角度看，调研结果显示有些地方是基于自身研究形成的，也有些地方是在中央的征求意见稿的基础上调整并先行发布的。因此，中央和地方的考核办法之所以相似，部分原因是地方政府学习参考了中央的意见征求稿，而不

是相反。中央出台的国务院食品安全办《国家食品安全城市标准（讨论稿)》中的目标要求就指出组织管理体系完善、监督执法坚决有力、企业主体责任落实、应急管理有序高效和实现社会共建共治 5 个方面，因而在大的指标方向上地方政府出台的文件是一致的。在具体指标要求上还是存在差异，地方政府对于讨论稿中的指标要求也做了不同的解读，从而设定不同的具体细则。基于各省市的反馈意见，中央出台食品安全城市评估指标（2017 版)。

政府间利益诉求存在差异，地方政府代表辖区内的局部利益，行为动机是扩张或维护本地区的利益；中央政府代表国家和人民的整体利益，在某些情境中可能出现两者利益的对立；地方政府为寻求政策倾斜或资源支持，会主动或积极地与中央政府进行协商或讨价还价。各地方政府出台的评估标准在一定程度上体现其利益诉求，向中央政府反馈意见和信息；各省市诉求不一致，对于食品安全的标准和认知也非完全一致，中央政府在出台国家食品安全城市指标过程中，基于地方试点，加强与地方政府之间的意见沟通和信息交流，注意倾听来自地方政府的各种不同呼声，拓宽利益表达渠道，完善利益表达机制，引导地方政府在制度内以健康和积极的方式理性地表达各种意愿和诉求，从而根据地方政府的反响采取不同的策略选择，或者部分吸纳地方政府意见，或者采取劝说、讨价还价等方式出台国家食品安全城市评估标准，基于中央与地方的谈判、协商和妥协，寻求双方共识。

四、结语和讨论

政策制定是一个充满沟通协调的府际间互动过程，但这种中央与地方政府间的互动，既不完全是自上而下的过程，因为存在自下而上的输入机制，中央与地方都从自身的利益出发来选择自己的行为模式。不同的政策对象也有各自的利益诉求，中央政府主要从全局考虑，考量政策对象利益同时关注国家整体利益，实现公共部门利益同时保障地方政府的积极性；而地方政府追求地方利益最大化，在制定国家食品标准时存在最大限度地将标准要求向有益于本地区考评的角度解读的倾向，维护和扩张本地区的利益和资源支持。在中央政策制定过程中，地方政府作为本地区利益代表者，一方面会与其他地方政府进行竞争，另一方面会主动采取多样途径表达和反映诉求，与中央政府协商沟通，想办法参与或影响政策的制定，从而列入中央政府制订的指标方案，是对本地区评估有益或有优势的标准，以此谋求自身能在参评中获益，实现利益最大化。

其实在食品安全状况方面存在区域差异。据相关数据显示，不同地区的食品安全状况有很大差异。其中基于食品安全事件及患者数考量，食品安全状况较好的省份有：辽宁省、上海市、河南省、陕西省等；对比来看，山东省、广东省、湖北省以及湖南省的食品安全状况相对差一些，食品安全患者人数和事件数量比较多，而表现问题最突出的是云南省，食品安全状况堪忧。因而在国家食品安全城市创建过程中当前各省市的食品安全状况对于评估结果和指标的设置是有一定影响的，各地方政府充当本地方的"利益代言人"在与中央政府就政策内容协商讨论时更倾向向有利于本地区的方向引导，进而公共决策过程充满讨价还价、冲突与协调，获得妥协性一致意见。

在政策制定过程中，不同利益主体的意见分歧，需要主体间的沟通和协商，从而缓和冲突，达成妥协性共识。在中央与地方政府互动关系的模式下，中央政府和地方政府在政策制定中的互动是双向的、互为反馈的。由于达成共识、协调冲突矛盾是重要的政策目标，研究政策是如何达成共识、协调冲突的，对于推动中国政策过程的规范化、民主化和科学化的进程、政府间良性互动和均衡发展具有重要意义。协调利益冲突是政策制定中的必要环节，不能否认地方政府的利益诉求，具体来说可以有以下几点来推动政策制定中冲突的调和：一是注重利益整合，均衡利益关系。既要保障全局利益的统一，维护中央政府权威；同时要尊重政府间利益差别，关注和照顾地方各自诉求，使得利益差别在不同地区合理分布，实现政策协调，推进资源有效利用和优化配置。二是完善利益表达机制和渠道，推进信息沟通和反馈。不同主体有各自诉求，中央政府在公共政策制定中要注意倾听不同的反馈意见，加强与地方政府的信息交流和反馈，拉动地方政府表达和行动的积极性。基于主体间的信息沟通互动，缓和冲突，实现利益的整合与协调。三是完善激励约束机制，构建法制环境。当前我国中央与地方间权责不清、财权与事权不匹配是严重的问题，中央与地方政府间财权、事权及利益分配机制并没有明确的制度性文件予以规范，因此要构建法制环境，为利益分配、权责划分提供明确依据和制度保障，推进政府间关系缓和和合作共赢。通过激励约束记住，推进地方政府主动参与合作，以此解决社会问题。四是优化决策机制，推进决策科学民主化。不能忽视地方政府参与公共政策的制定，健全良好的决策机制，倾听不同利益主体的诉求，基于中央与地方政府相互协调沟通，推动政策的制定和执行。

参考文献

［1］冯兴元．地方政府竞争理论范式分析框架与实证研究［M］．南京：译林出版社，2010：4.

［2］何祖洪．论公共政策制定中的公众参与［J］．合作经济与科技，2006（5）.

［3］亨廷顿（Huntington，S. P.）．变化社会中的政治秩序［M］．王冠华等译．北京：生活·读书·新知三联书店，1989：7.

［4］贾金臻．关于我国公共政策中存在的主要问题总结［J］．科技信息（科学教研），2008（24）.

［5］焦贝贝，郑风田．我国地方食品安全现状分析及政府监管评估指标构建［J］．食品工业，2017（2）.

［6］赖诗攀．权力配置、问责与地方政府食品安全监管履职：争论与检验［J］．公共行政评论，2014（1）.

［7］刘培伟．基于中央选择性控制的试验——中国改革"实践"机制的一种新解释［J］．开放时代，2010（4）.

［8］刘鹏．中国食品安全监管——基于体制变迁与绩效评估的实证研究［J］．公共管理学报，2010（2）.

［9］刘亚平．中国式"监管国家"的问题与反思：以食品安全为例［J］．政治学研究，2011（2）．

［10］陆悦．创建食安城市形成共治格局—国家食品安全示范城市创建工作综述［J］．中国食品药品监管，2016（12）．

［11］马丽，李惠民，齐晔．中央—地方互动与"十一五"节能目标责任考核政策的制定过程分析［J］．公共管理学报，2012（1）．

［12］毛寿龙．"囚犯的难题"与"地方主义的泥淖"：中央与地方关系的再思考［J］．行政论坛，1996（3）．

［13］皮帕·诺里斯．新政府沟通—后工业社会的政治沟通political communications in postindustrial societies［M］．顾建光译．上海：上海交通大学出版社，2004．

［14］苏利阳，王毅．中国"央地互动型"决策过程研究——基于节能政策制定过程的分析［J］．公共管理学报，2016（3）．

［15］孙宝国，周应恒，温思美等．我国食品安全的监管与治理政策研究——第93期"双清论坛"学术综述［J］．中国科学基金，2013（5）．

［16］孙元君．当代中国公民政治参与的特征分析［J］．行政论坛，2008（6）．

［17］谭羚雁，娄成武．保障性住房政策过程的中央与地方政府关系——政策网络理论的分析与应用［J］．公共管理学报，2012（1）．

［18］谭颖，颜世磊．论公共政策制定中的公民参与［J］．文学界·人文，2009（4）．

［19］王绍光，鄢一龙，胡鞍钢．中国中央政府"集思广益型"决策模式——国家"十二五"规划的出台［J］．中国软科学，2014（6）．

［20］王绍光．中国公共政策议程设置的模式［J］．中国社会科学，2006（5）．

［21］谢庆奎．中国地方政府体制概论［M］．北京：中国广播电视出版社，1997：421～428．

［22］薛澜，陈玲．中国公共政策过程的研究：西方学者的视角及其启示

[J]．中国行政管理，2005（7）．

[23] 薛澜，林泽梁．公共政策过程的三种视角及其对中国政策研究的启示 [J]．中国行政管理，2013（5）．

[24] 闫帅．公共决策机制中的"央地共治"——兼论当代中国央地关系发展的三个阶段 [J]．华中科技大学学报（社会科学版），2012（4）．

[25] 杨宏山．府际关系论 [M]．北京：中国社会科学出版社，2005：29．

[26] 约翰·克莱顿·托马斯．公共决策中的公民参与：公共管理者的新技能与新策略 [M]．北京：中国人民大学出版社，2005．

[27] 詹姆斯·E·安德森．公共政策制定 第5版 [M]．北京：中国人民大学出版社，2009：8，65~68．

[28] 张紧跟．纵向政府间关系调整：地方政府机构改革的新视野 [J]．中山大学学报（社会科学版），2006（2）．

[29] 张小明．内部输入：解读当代中国公共政策制定的输入机制 [J]．宁夏社会科学，2000（5）．

[30] 周应恒，王二朋．中国食品安全监管：一个总体框架 [J]．改革，2013（4）．

[31] Heilmann S. From Local Experiments to National Policy：The Origins of China's Distinctive Policy Process. The China Journal 2008，59：1–30．

[32] Heilmann S. Policy Experimentation in China's Economic Rise. Studies in Comparative International Development，2008，43（1）：1–26．

[33] Starbird S A. Designing food safety regulations：the effect of inspection policy and penalties for noncompliance on food processor behavior. Journal of Agricultural & Resource Economics，2000，25（2）：616–635．

[34] Tam W，Yang D. Food safety and the development of regulatory institution in China. Asian Perspective. 2005：5–36．

"一带一路"背景下塔吉克斯坦反贫困的困境与中塔合作反贫的路径设计

◎李梦竹

（武汉大学社会学系，湖北武汉，430072）

摘　要：塔吉克斯坦作为中国的邻国，是"丝绸之路经济带"重要沿线国家，其国内面临严峻反贫困任务。本文通过文献梳理，分析了塔吉克斯坦反贫困的现状及面临的困境，在探索中塔实行合作扶贫可行性的基础上，从制度、平台、方式和模式四个方面提出了开展合作扶贫的具体路径，旨在为发挥中国减贫的外溢效应，推进全球减贫事业，改善全球治理，实现全球可持续发展提供政策建议。

关键词：一带一路　塔吉克斯坦　合作反贫　中国反贫经验

贫困是人类长期面临的社会现象。消除贫困，是人类社会的共同使命。[1]中国是世界反贫困事业的积极倡导者和有力推动者，也是国际社会公认的取得扶贫开发成就举世瞩目的国家。改革开放近 40 年来，中国扶贫开发使 7 亿多人摆脱了贫困，形成了贫困治理的"中国经验"，不仅为加快推进全球贫困治理进程作出了重大的直接贡献，而且为发展中国家摆脱贫困，实现工业化、城市化，提高人民生活水平提供了可资借鉴的宝贵经验，同时也为我国学术界反思以西方为中心的社会科学理论提供了实践支撑。

塔吉克斯坦是"丝绸之路经济带"重要沿线国家，也是中亚地区贫困最为严重的国家之一。自 1991 年获得独立以来，在经历了内战以及私有化改革后，经济逐渐复苏，发挥了显著的"益贫效应"，但总体来看，其贫困问题依然严峻。据统计，截至 2014 年，塔吉克斯坦的贫困发生率高达 32%，反贫困的任务异常艰巨。因此，在"一带一路"框架下加强中国与塔吉克斯坦的反贫困合作，将中国的扶贫经验对外输出，发挥中国减贫的外溢效应，既是中国对外展示大国形象、贡献中国智慧、提供中国方案的重要机会，对推进全球减贫事业，改善全球治理，实现全球可持续发展也具有重大意义。

一、塔吉克斯坦国情介绍

塔吉克斯坦地处中亚东南部，东部与我国接壤，是"丝绸之路经济带"重要沿线国家。塔吉克斯坦境内有 840 万人口，其中 70% 为农村人口，86 个民族，主体民族为塔吉克族，占 68.4%，乌兹别克族占 24.8%、俄罗斯族占 3.2%。全国分为 3 个州、1 个区、1 个直辖市：戈尔诺 - 巴达赫尚州、索格特州、哈特隆州、中央直属区和杜尚别市。国土面积 14.31 万平方公里，是中亚五国中面积最小的国家，境内以山地为主，山地面积占全国面积的 93%[2]，素有"高山国"之称，自然条件恶劣，但蕴藏着丰富的矿产与水能资源。

塔吉克斯坦曾是苏联加盟共和国，1991 年苏联解体后，塔吉克斯坦宣布独立。塔吉克斯坦独立的第二年，国内发生了持续 5 年的内乱，导致 5 万余人死亡，120 万人口成为无家可归者，基础设施遭受严重破坏，工农生产也受到扰乱，经济损失累积超过 70 亿美元，民众生活一落千丈。到 1996 年，塔吉克斯坦 GDP 仅为战前的三分之一，经济增速下降了 17.2%。自 1997 年以来，塔吉克斯坦经济逐渐恢复，并保持了稳健的增长势头。截至 2014 年，GDP 总量为 92.42 亿美元，人均 GDP 为 1099 美元。[3]尽管 GDP 增速喜人，但整体来看，塔吉克斯坦工业结构单一，经济总量偏小，是独联体国家中经济基础最薄弱的国家之一，反贫困的任务异常艰巨。

二、塔吉克斯坦反贫困现状

21 世纪以来，得益于经济的回暖，塔吉克斯坦的反贫困取得了巨大成就。但不能忽视的是，由于塔吉克斯坦经济对外依赖性强，减贫呈现很大的不稳定性，再加之产业结构不合理，创造包容性就业岗位的能力不足，基础设施建设滞后，资源优势难以转化为经济优势，政府官员贪污腐败，投资环境差，外来资本进入意愿低，导致其经济增长乏力，反贫困也缺乏可持续性。

（一）塔吉克斯坦反贫困的特征

1. 反贫困成效显著，但贫困依然普遍

数据显示，1999 年，塔吉克斯坦贫困发生率高达 96%。截至 2014 年，降低到 32%。极端贫困人口的比例也呈现了同样的发展趋势，从 1999 年的 73% 下降到 2014 年 16.8%。从城乡的角度来说，城市贫困发生率由 2003 年 68.6% 下降到 23.5%，农村贫困也由 73.8% 下降到 2014 年的 36.1%。从区域来看，除塔吉克斯坦首都杜尚别外，戈尔诺—巴达赫尚自治州、哈特隆州、中央直属区是贫困多发的地区，2003 年，中央直属区的贫困发生率为 56%，索格特州约为 75%，戈尔诺—巴达赫尚自治州、哈特隆州的贫困发生率在 80% 以上。截至 2014 年，索格特州降低为 23.1%，其他三地均将降低到 37% 左右。尽管脱贫成效显著，但是与中亚其他国家相比，塔吉克斯坦的贫困问题依然非常严重。如乌兹别克斯坦 2013 年贫困发生率就仅为 14.1%，哈萨克斯坦的贫困发生率仅为 2.8%。由此可见，塔吉克斯坦依然面临严峻的反贫压力。

2. 政府高度重视减贫开发

为了减少本国贫困，塔吉克斯坦政府颁布了一系列促进经济发展与减贫的战略方针。例如，1998—2001 年制定了反贫困与经济增长战略，该战略聚焦于公共部门机构改革，国企私有化，金融与银行业重建，以实现经

济的快速增长和贫困的减少。2002 年，塔吉克斯坦出台了《减贫战略文件2002—2006 年》，该项政策提出了通过发展出口型经济，提高公共服务水平，提升政府治理水平，确保改革发展的成果得到公平合理分配，穷人生活水平得到有效提升。此后，又出台了 2007—2015 年国家发展战略，旨在通过实行公共部门改革，加大政务公开力度、增强政府工作人员责任心、遏制腐败现象，促进私营部门发展，改善投资环境，提高公共服务水平以实现千年发展目标。这些战略的实施产生了显著的效益，促进了塔吉克斯坦经济的迅猛增长和贫困的减少，塔吉克斯坦贫困发生率迅速降低。

3. 外出务工发挥了显著的减贫效益

塔吉克斯坦贫困的缓解，直接动力来自劳务汇款。由于塔吉克斯坦工业体系不完善，吸收劳动力的能力不足，就业机会有限，农村中大部分人口都选择了外出务工，使其成为世界上最大的外汇依赖经济体。据统计，2014年，塔吉克斯坦有200万外出务工者，占其本国居民总数的23.8%左右。2015年，海外汇款收入占 GDP 总量的比例高达41.7%。外出务工者通过将大量收入寄回母国，发挥了显著的益贫效应，提高了家庭消费水平，改善了家庭生活质量。数据显示，塔吉克斯坦家庭收入的35%来自务工汇款，贫困家庭中，80%的消费都来自汇款。世界银行的数据也表明，塔吉克斯坦汇款收入每增加10%，贫困发生率就会降低1%。

（二）塔吉克斯坦反贫困面临的问题

1. 经济发展依赖性大，反贫困难以实现可持续

塔吉克斯坦 GDP 之所以能保持长达 18 年持续增长，其驱动因素来源于两方面：一是本国劳动力外出务工的汇款；二是铝与棉花出口。但这两项因素都具有非常大的波动性，稳定度不高，风险大。就外出务工来说，由于文化和语言的相似性，绝大部分塔吉克斯坦居民选择了俄罗斯作为务工地，这也使得塔吉克斯坦经济受到俄罗斯经济的影响。如 2014 年，俄罗斯经济出现波动，经济下滑，塔吉克斯坦外汇收入下降了 33.3%，贫困发生率下降速度也有所放缓。就出口来说，铝与棉花价格又易受到国际市场的影响。例如，2009 年金融危机，塔吉克斯坦主要出口商品国际市场价格疲

软，铝与棉花出口额也分别下降了 46% 与 26%，导致塔吉克斯坦经济形势严峻，国内消费需求明显减弱，减贫也受到了负面影响。总体来看，塔吉克斯坦当前面临的国际环境已不如 21 世纪初有利，如果不抓紧进行产业结构转型升级，塔吉克斯坦的经济也将面临不小的挑战，反贫困也将面临更多的困境。

2. 产业结构不合理，吸纳劳动力就业能力不足

塔吉克斯坦是传统的农业大国，其中 66% 的劳动力在农业部门就业，农业是其主要的就业部门，但农业部门劳动生产率普遍不高，工资水平低下，无法满足民众日常生活需求。工业部门停滞不前，对就业与经济增长的促进作用非常有限。以制造业为例，2014 年，制造业仅吸收了 3.3% 的就业人口。尽管第三部门对 GDP 的贡献非常大，但其发展水平滞后，拉动就业的能力也有待提升。塔吉克斯坦产业体系的不完善，导致了塔吉克斯坦就业不足。据统计，2014 年，国内市场有 238 万劳动力，而劳动参与率仅有 47.2%。从纵向来说，1991—2014 年，塔吉克斯坦的劳动年龄人口增长了 3.1%，而就业岗位则仅仅增加了 0.8%，就业岗位难以满足民众的需求。根据塔吉克斯坦官方公布的失业率，2014 年塔吉克斯坦的官方失业率为 2.4%，但是真实的失业率要远远高于这一数字，为 10% 左右。居高不下的失业率，导致众多人口难以通过就业实现收入的增长，贫困缓解任重道远。

3. 基础设施建设滞后，资源优势难以转化为经济优势

健全的基础设施是驱动产业、实现经济增长的"车轮"。塔吉克斯坦具有丰富的自然资源和矿产资源，之所以出现经济社会发展落后的状况，一个重要原因就是公共交通等基础设施建设的滞后。在苏联时期，塔吉克斯坦基础设施较为齐全。20 世纪 90 年代，长达 5 年的内战几乎摧毁了该国大部分公路，另外一部分设施由于缺乏维护而残缺不全。据统计，当前塔吉克斯坦国道仅有 1.4 万公里，其中只有 29% 是沥青路。据全球竞争力报告显示，在全球 144 个国家中，塔吉克斯坦基础设施质量排名 85 位。公共交通体系不发达，提高了运输成本，阻碍了企业规模的扩大，使大量资源无法得到有效整合，降低了生产效率，妨碍了塔吉克斯坦经济水平的提升，

也使得民众难以在本地实现就业和脱贫致富。

4. 贪污腐败盛行，政府治理水平有待提升

政府良好的治理能力，是贫困得到有效缓解的制度保障。在塔吉克斯坦，反贫困面临的一个很大问题就是政府官员贪污腐败，影响了政策执行效率。世界银行组织发布的数据显示，2014 年塔吉克斯坦贿赂发生率接近40%，而邻国的乌兹别克斯坦则不足 10%。根据透明国际发布的全球政府腐败指数（Corruption Perceptions Index）排名，2015 年，塔吉克斯坦在全球168 个国家中排第 136 名。而在全球政府效率排名中，塔吉克斯坦则处于排名靠后的 20% 国家之列。腐败盛行，一方面抬升了交易成本，提高了投资风险，妨碍了本土企业扩大再生产的信心，降低了外来资本进入的意愿，使得投资本就不足的塔吉克斯坦更是缺乏资金流，另一方面也容易导致经济发展的成果被既得利益群体攫取，造成贫富差距的扩大，加剧贫穷程度。

三、中塔合作反贫的可行性分析

尽管中国与塔吉克斯坦政治制度不同，价值观各异，但共同面临消除贫困、实现可持续发展的问题，并且双方地理区位相近，古往今来贸易活跃，人员往来频繁，资源、产业互补性强，同属发展中国家，将中国反贫困经验传播至中亚五国，符合双方共同利益，具有一定的可操作性。

（一）中国反贫困经验具有国际可鉴性

长期以来，中国政府高度重视反贫困工作，将摆脱贫困、改善民生、实现共同富裕作为中国共产党的根本任务常抓不懈，并在与贫困做斗争的实践中取得了巨大成就，为提前实现联合国《千年发展目标》中贫困人口减半的目标贡献出了中国智慧、中国方案，用事实赢得了国际组织和许多发展中国家的广泛赞誉。联合国开发计划署就明确指出，如果没有中国的进步，整个世界在减贫方面从总体上说是倒退了。该署顾问鲍博思赞扬"中国是消除贫困的世界典范。"

中国扶贫开发的经验不仅是中国的，也是世界减贫的宝贵财富。南非著名政治评论家、《贫穷的设计师》一书的作者莫列齐姆贝基就明确指出，

中国扶贫是"正确的发展模式"。联合国开发计划署前署长海伦·克拉克女士盛赞"中国最贫困人口的脱贫规模举世瞩目，速度之快绝无仅有!"因此，将中国扶贫模式传播推广至比邻中国的塔吉克斯坦，具有得天独厚的优势，也是中国主动承担国际责任，为世界作出更大贡献的重要体现，符合中国和塔吉克斯坦人民的根本利益。

（二）塔吉克斯坦具有分享中国反贫经验的意愿

塔吉克斯坦是世界上最为贫困的国家之一，面临消除贫困的重要任务。在过去的十年间，得益于劳务经济带来的福利，塔吉克斯坦贫困发生率出现了明显的下降。但与其他国家相比，塔吉克斯坦的贫困程度依然深重。且近年来，由于塔吉克斯坦面临的外部形势不利，塔吉克斯坦的反贫困任务异常艰巨。通过与中国开展扶贫合作，学习借鉴中国扶贫模式，创新本土化的扶贫方式，不仅可以引进投资项目，完善基础设施建设，促进本国产业发展，为摆脱贫困创造条件，而且还能够借鉴中国第一、二产业发展经验，健全国民经济体系，实现经济的可持续性发展。此外，从塔吉克斯坦反贫困的现实需要来看，塔吉克斯坦有分享中国扶贫模式、合作开展反贫困的期望。早在 2010 年，塔吉克斯坦总统办公室农业与土地垦殖部主任 Safarov Jumakhon 先生率领的塔吉克斯坦政府代表团就对我国国际扶贫中心进行了访问，不仅向中国详细介绍了塔吉克斯坦的贫困状况、减贫政策以及减贫工作机制，还提出要加强中塔两国在减贫领域的合作。塔吉克斯坦政府官员的愿望，为中国与塔吉克斯坦开展反贫困合作、推动中国扶贫模式和经验的传播应用奠定了良好的社会基础。

（三）多元合作项目积累了宝贵的经验

中国与塔吉克斯坦合作由来已久，合作领域包括基础设施、农业技术、能源开发、经贸等方面。以基础设施合作为例，早在 20 世纪，中国就通过上海合作组织向塔吉克斯坦提供出口买方信贷，帮助塔吉克斯坦完成了塔乌公路、罗拉扎尔哈特隆输变电项目、塔吉克斯坦家图书馆、塔中公路等基础设施的实施。农业技术领域，中国通过与塔吉克斯坦进行技术合作的方式，在农业技术、种子方面给予塔吉克斯坦技术支持，帮助其农业发展。

2011 年中塔双方在塔吉克斯坦哈特隆州首府库尔干秋别建立了"中塔农业科技合作园"，2014 年又建立了新丝路塔吉克斯坦农业纺织产业园，旨在进一步强化双方在农业领域的合作，"中国—塔吉克斯坦特变电工科技合作中心"也正在实施组建中，该中心的建立，有助于中塔农业技术合作跃上新台阶。2016 年，两国还召开了"中国—塔吉克斯坦科技合作研讨会"，商讨了双方在矿产、生物、农业方面的科技合作事项。金融方面，2014 年，农业银行向塔吉克斯坦农业投资银行提供了 6 亿元人民币的信贷支持，为其提供金融产品和风险管理培训，推动了中塔金融合作的全面升级。此外，中塔还通过贸易往来与中国进行经济合作，据统计，2015 年中塔双边贸易总额为 18.47 亿美元。2015 年，中塔两国编制的《中塔双边合作规划纲要》中，再次提出了要强化两国合作。双方长期的合作，为中塔在"一带一路"框架内进行扶贫合作积累了宝贵经验。

四、中塔合作反贫的路径分析

全球治理理论发端于 20 世纪七八十年代的传统国际关系理论。自诞生之日起，该理论就意在突破国际关系的传统意识，为世界政治研究提供一个不一样的视角。从内涵上来说，全球治理理论有以下几层含义：一是主体上，强调国家、跨国公司、政府间国际组织、国际非政府组织等多元主体的磋商与互动；二是在方式上，强调合作、协商与伙伴关系等治理方式；三是在目的上，力求实现多元主体的平等共赢。贫困治理是全球治理的核心内容。中塔的合作减贫，必须在"一带一路"框架下，秉承以政府为主体，需要做好战略设计，利用搭建起的合作平台，借助双边和多边合作机制，创新合作方式与模式，以提高减贫效益、造福塔吉克斯坦人民，为"一带一路"框架下人类命运共同体的打造作出贡献。

（一）制度保障：在"一带一路"框架下做好中塔合作减贫的"顶层设计"

中国与塔吉克斯坦开展合作反贫困，是一项攸关双边和多边关系的大事，需要做好扶贫开发合作的战略规划。一是通过在"一带一路"框架内签署政府间扶贫合作协议，联手制定《中塔合作反贫规划纲要》，重点对中塔农业发展与减贫、基础设施建设与减贫、工业发展与减贫、扶贫融资等领域作出安排，明确合作原则、框架思路、合作机制与项目规划。二是在塔吉克斯坦建立合作反贫机构，以利于对扶贫项目的执行进行管理、协调和跟踪监测。在中国国际扶贫中心下设立中塔合作扶贫小组，负责管理和协调工作，二者通过联动磋商，共同执行多边、双边合作项目。三是加强国家层面的政策对话沟通与项目对接，在金融支持、税收扶持、法律服务和风险防范等方面出台优惠性政策，在反贫项目合作人员往来方面开设"特殊通道"，消除互通障碍，提高通勤的便捷性，为两国之间的交流合作提供方便。

（二）平台依托：以国际间扶贫机构为依托促进资源整合和经验输出

合作反贫是一项艰巨的历史任务，紧靠政府之力难以为继，必须发挥社会力量，依托双边、多边机制，积极实施扶贫具体项目，并确保取得成功。一是依托亚洲基础设施投资银行、上合组织开发银行等相关融资平台，发挥引领撬动作用，推动丝路基金、亚投行等多边金融机构的建设与运营，吸引更多边国际金融机构和组织积极参与中塔国际反贫合作项目，拓宽融资网络渠道，调动更多非政府投资用于塔国基础设施完善、产业转型升级与结构调整，打通基础设施"肠梗阻"，帮助塔吉克斯坦实现"走出交通困境"的国家发展目标。二是以中国国际扶贫中心为依托，定期举办"中亚减贫师范合作技术援助项目外方人员管理培训班"，"中塔贫困地区村干部项目交流"，邀请塔吉克斯坦扶贫相关的政府官员与社会组织人员到中国实地考察扶贫经验，组织我国专家学者和基层扶贫工作人员就扶贫领域项目管理各个方面开展专题讲座，主要包括扶贫人口的精准识别、中国农村扶贫开发的战略与实践、中国农村农产品流通与市场体系、项目管理流程和项目监测评价，全面了解中国扶贫政策与项目管理中的实践经验，并加以本土化利用。三是要充分发挥中塔各国民间社会组织、民间扶贫机构和私营企业的积极作用，利用"民间"和"半官方"身份的灵活性和易接受性，加强中塔双方相对应组织和机构的合作，把中国在基础设施项目、产业扶贫项目中取得的好做法、好经验融入常规合作项目之中。

（三）方式转变：变资金援助为"造血型"的帮扶方式

长期以来，中国对塔吉克斯坦进行了大量经济援助。这种"输血型"的帮扶方式无法彻底解决贫困问题，应创新思维，变资金援助扶贫为"造血型"的合作方式，以期实现合作互赢的目的。一是支持我国在塔企业借鉴国际先进合作模式，如承包、土地租赁、合作开发经营、BOT（Build – Operate – Transfer）、PPP（Public—Private—Partnership）等，把企业业务活动的开展与产业脱贫结合起来，最大限度地提供生产性再就业机会，推动经济与社会发展更加协调、就业更加充分、劳动关系更加和谐、社会分配更加合理，让更多的社会成员在可持续发展中拥有公平的发展机会，共享经济社会发展的成果，从此摆脱贫困。二是以企业并购、股权转让、股份制改造等方式，吸收当地资本和生产者建立中塔合资企业，结合塔吉克斯坦的资源优势，因地制宜，组成生产、加工、销售和出口的一体化经济组织，促进塔吉克斯坦经济增长，发挥益贫效应。三是以企业为主体，利用市场化理念整合扶贫资源，通过打造产业打造工业示范工业园区、农业产业园区、能源技术合作园等合作园区，形成产业带动，精准帮扶的新型扶贫方式。

（四）模式创新：以产能合作为载体，增加贫困地区自我发展能力

通过产品输出方式进行产能位移，或是通过产业转移的方式进行产能位移来实现国家间的产能合作，是两个存在意愿和需要的国家或地区之间进行产能供求跨国或者跨地区配置的联合行动，也是当今世界各国间最有效的合作形式，还是产业发展带动贫困治理的最佳途径。塔吉克斯坦与中国的产业发展具有极强的互补性，通过开展产能合作，有利于将塔吉克斯坦国家的产业缺口与中国富余、优质产能对接起来，在促进国民经济发展的同时，为塔吉克斯坦人民提供更多的生产性就业岗位，帮助贫困弱势群体获得体面的工作，从而提升其自我脱贫能力。第一，要以中塔现有产业园区为切入点，将中国在国内轻工、家电、纺织、服装、建材水泥、有色

金属、钢铁、电解铝等轻工业领域以及电力设备、工程机械、通信设备装备制造等领域的发展经验融入塔吉克斯坦的产业合作之中，推动装备、技术、人才以及资本的转移，促进塔吉克斯坦产业结构的优化升级与工业体系的完善，延伸产业链条，扩大产业规模和实力，增强产业扶贫辐射能力，为本国劳动力创造更多就业就岗位，帮助贫困人口就地就近就业，推动贫困群众向产业工人转变，实现持续稳定增收。第二，基础设施建设上，紧抓"丝绸之路经济带"基础设施建设与塔交通发展战略的有利机遇，充分发挥我国资金、技术优势及基础设施设计、施工和设备配套能力，重点推进与塔交通等基础设施建设的合作，为塔工业化发展提供支持。在工业领域，在加大传统合作领域生产规模的同时，还要加强管理与技术投入，为塔提供先进产能。在农业领域，将我国技术、资金、管理经验等优势与塔农业市场需求对接，促进塔吉克斯坦农业生产效率的提升。第三，注重在产能合作中对塔吉克斯坦本土化人才的培养，增强他们对中国产业发展经验的深入了解，在实践中探索出适合出适合本国产业发展的方式，带动当地中小企业和配套产业发展，切实为当地解决就业等问题，保障更多的人口能够在本国实现就业脱贫。

五、结论与总结

"一带一路"倡议是习近平总书记全球治理思想的重要组成部分，既是时代的重大命题，也是中国提供给世界最重要的公共产品，更是中国同有关国家开展合作的重要平台。旨在以"共商共建共享"为理念，促进全球的可持续发展。中国是世界反贫困事业的积极倡导者和有力推动者，也是国际社会公认的取得扶贫开发成就举世瞩目的国家。改革开放近 40 年来，中国扶贫开发使 7 亿多人摆脱了贫困，形成了贫困治理的"中国经验"。政府主导型的贫困治理、渐进式的贫困治理、发展产业增加贫困人口就业、构建多元化的贫困治理主体、探索整体性贫困治理模式等贫困治理路径和方法，像一盏盏明灯照亮越来越广袤的大地、传播海外，为加快推进全球贫困治理进程作出了重大的直接贡献。塔吉克斯坦是中亚贫困最为严重的国家之一，实行中塔扶贫合作，将中国丰富的扶贫开发经验传播至塔吉克斯坦并加以实践推广，不仅符合塔国人民的核心利益，也是中国践行"一带一路"倡议，向世界展现中国智慧，贡献中国方案的重大举措，对推进全球反贫困事业发展、造福世界各国人民，实现联合国2030年可持续发展议程目标、打造人类命运共同体等，具有重大的历史意义和现实价值。

参考文献

［1］习近平．摆脱贫困［M］．福州：福建人民出版社，2014.

［2］Asian Development Bank. Tajikstan Promoting Export Diversification and Growth. Mandaluyong City，Philippines：Asian Development Bank，2016.